prima aktiv

A1.1 | Deutsch für Jugendliche
Arbeitsbuch

Sabine Jentges
Friederike Jin
Anjali Kothari

Cornelsen

prima aktiv

A1.1 | Deutsch für Jugendliche
Arbeitsbuch

Im Auftrag des Verlages erarbeitet von Sabine Jentges, Friederike Jin und Anjali Kothari
Phonetik: Friederike Jin
Landeskunde: Sabine Jentges

Redaktion: Yvonne Miller
Projektleitung: Kathrin Sokolowski
Redaktionsleitung: Gertrud Deutz

Illustration: Doris Umschaden & Irina Zinner (Cover und S. 14, u. re.)

Umschlaggestaltung und Layoutkonzept: Rosendahl Berlin, Agentur für Markendesign
Technische Umsetzung: Straive

Basierend auf prima plus A1.1 von Friederike Jin und Lutz Rohrmann

Weitere Materialien und Informationen zur Lehrwerksreihe finden Sie unter:

www.cornelsen.de sowie
www.cornelsen.de/prima-aktiv

Soweit in diesem Lehrwerk Personen fotografisch abgebildet sind und ihnen von der Redaktion fiktive Namen, Berufe, Dialoge und Ähnliches zugeordnet oder diese Personen in bestimmte Kontexte gesetzt werden, dienen diese Zuordnungen und Darstellungen ausschließlich der Veranschaulichung und dem besseren Verständnis des Inhalts.

1. Auflage, 1. Druck 2022

Alle Drucke dieser Auflage sind inhaltlich unverändert und können im Unterricht nebeneinander verwendet werden.

Druck: Grafisches Centrum Cuno GmbH & Co. KG, Calbe

ISBN 978-3-06-122597-1 (Arbeitsbuch)
ISBN 978-3-06-122612-1 (E-Book)

ILLKOMMEN
SALVE
BULA
WELKOM
CROESO
bienvenue
Croeso
Walcome
merhbe
Salve
BINE AȚI VENIT
MENSÖOREE
καλώς Ορίσατε
めんそーれ
ようこそ
歡迎

Wegweiser

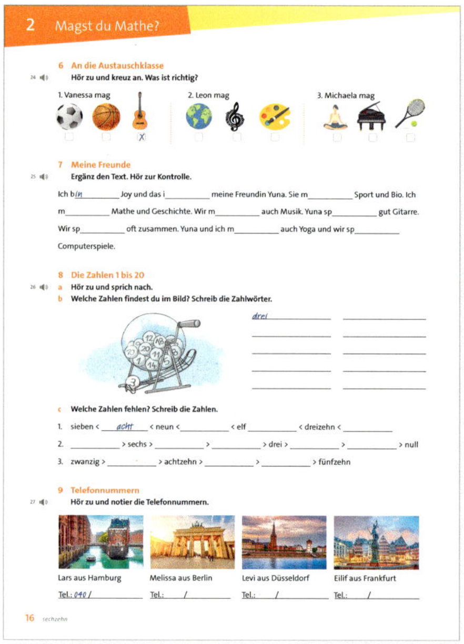

Im Kursbuch lernen – im Arbeitsbuch üben!

Im Kursbuch lernst du viele Wörter und Strukturen. Hier im Arbeitsbuch kannst du sie wiederholen und üben. Jede Aufgabe im Arbeitsbuch passt zur Aufgabe im Kursbuch. Es gibt keine neuen Lernwörter und keine neue Grammatik. Das ist praktisch!

Du kannst alle Aufgaben alleine oder in der Klasse machen.

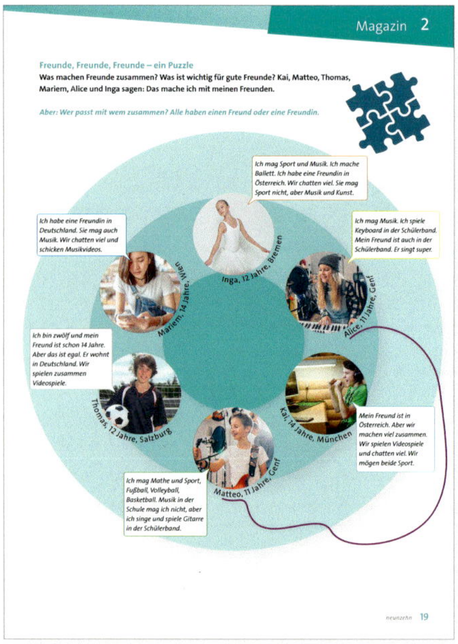

Magazin

Liest du gern? Hörst du gern Podcasts? Auf dieser Seite kannst du spannende Geschichten von Jugendlichen lesen oder hören. So kannst du dein Verständnis trainieren. Manchmal gibt es auch Rätsel, Reime oder Lieder.

Das ist wichtig für mich

Wie ist Deutschlernen für dich? Nach den Aufgaben kannst du hier dein Lieblingswort aus der Einheit notieren, was dich überrascht hat und auch, was schwierig war. Das ist eine Hilfe und Motivation für dich!

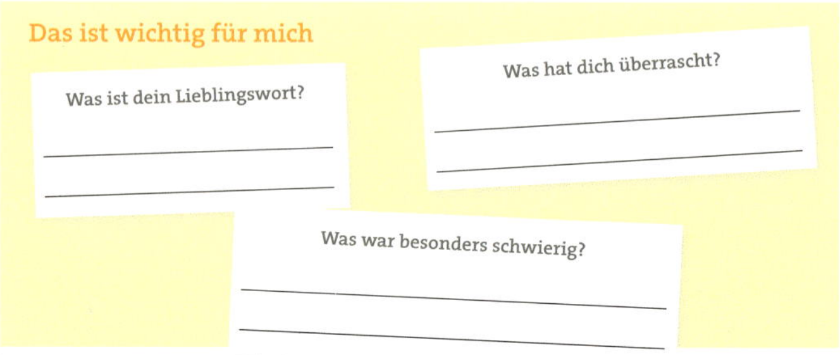

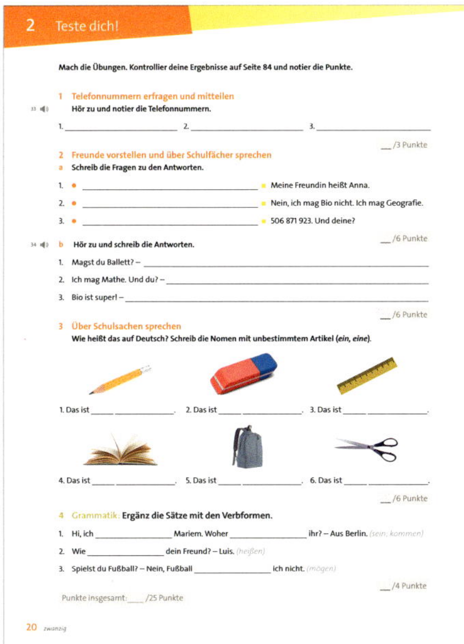

Teste dich!

Was kannst du gut? Was kannst du noch nicht so gut?
Am Ende jeder Einheit gibt es einen kleinen Test. Alle wichtigen Wörter und Strukturen dazu findest du im Kursbuch auf der Seite *Das kann ich jetzt*.
Du kannst deine Ergebnisse in den **Lösungen** auf Seite 84–87 selbst kontrollieren. Wie viele Punkte hast du?

25–21 → Super!
20–16 → Gut!
15–11 → Das geht besser!
10–0 → Üben, üben, üben, dann kannst du es!

Auf den Seiten 70–75 gibt es einen **Zwischentest**.
Dort kannst du für die Prüfung *Fit in Deutsch* trainieren.

Meine Wörter

Das ist die letzte Seite jeder Einheit. Hier findest du alle wichtigen Wörter. Sie sind nach den Seiten im Kursbuch geordnet. Wie heißen die Wörter in deiner Sprache? Schreib es auf die Linien. Die Tipps helfen beim Lernen. Du kannst alle Wörter und Beispielsätze auch hören.

Fakten & Kurioses

Hier lernst du interessante Dinge über Deutschland, Österreich und die Schweiz. Dabei wiederholst du auch Wörter und Strukturen.

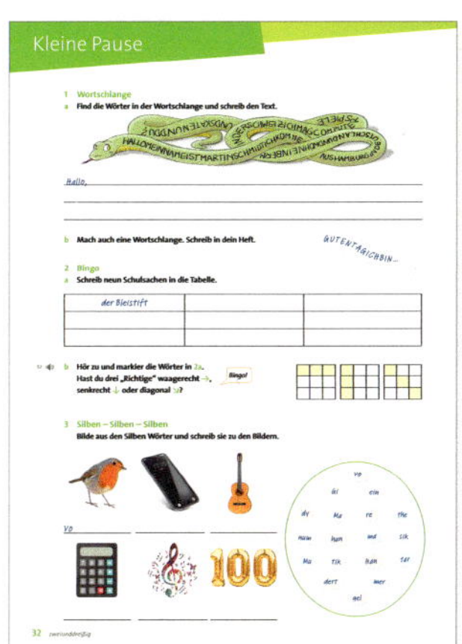

Kleine Pause und Große Pause

In der kleinen und großen Pause gibt es spielerische Aufgaben. So macht Lernen Spaß!

Eine Übersicht zur **Grammatik** gibt es auf Seite 76–81.

Wie man die **Buchstaben** ausspricht, findest du auf Seite 82–83.

1 Herzlich willkommen!

1 Hallo und herzlich willkommen!

a Was sagen Anna und Juan? Schreib die Sätze.

- ● willkommen / Herzlich — Herzlich willkommen !
- ■ Morgen / Guten — ____________ !
- ● bin / Ich / Anna — ____________ .
- ● du / Und — ____________ ?
- ■ heiße / Ich / Juan — ____________ .

2 **b Hör den Dialog aus 1a und sprich nach.**

2 Das bin ich

Ergänze die Verben.

Hallo. Ich bin ________ Akiko. Ich ________ aus Japan. Ich ________ in Kyoto. Und du?

Hi. Ich h________ Marlene. Ich ________ aus Südafrika und ________ in Pretoria.

3 Hallo! Wer bist du?

3 **a Was hörst du? Kreuz an.**

1. a) [X] Hallo! b) [ ] Hi!
2. a) [ ] Wo wohnst du? b) [ ] Woher kommst du?
3. a) [ ] Ich heiße Sam. b) [ ] Ich bin Sam.
4. a) [ ] Guten Morgen! b) [ ] Guten Tag!
5. a) [ ] Ich wohne in Köln. b) [ ] Ich komme aus Köln.

b Ergänz die Tabelle. Markier bei *kommen*, *wohnen* und *heißen* die Endungen.

	kommen	wohnen	heißen	sein
ich	komme			
du			heißt	bist

c Antworte.

1. Wer bist du? Ich …
2. Woher kommst du? ____________
3. Wo wohnst du? ____________

4 Schüleraustausch: Schüler und Schülerinnen, Lehrer und Lehrerinnen aus Deutschland, Österreich und der Schweiz treffen sich

4 **a** **Ergänz die Wörter im Chat. Hör zur Kontrolle.**

ich · kommst · in (4x) · wohne · ~~aus~~

komme · aus (2x) · wohnst · du · bist

Wer bist du?

Grüezi! Ich heiße Naomi und ich komme ___aus___ der Schweiz. Ich wohne ______ Bern. Und du? Adieu!

Hallo und guten Tag! Ich bin Lan, ich ______ aus China. Ich ______ in Frankfurt, in Deutschland. Und ______? Auf Wiedersehen!

Servus, ich bin Matic ______ Slowenien. Ich wohne in Klagenfurt, ______ Österreich. Servus!

Grüß Gott! Ich bin Martin aus Österreich. Ich wohne ______ Graz. Und wo ______ du? Auf Wiedersehen!

Moin moin! ______ bin Ella aus Hamburg. Und wer ______ du? Tschüs!

Hoi! Ich heiße Nabil, ich wohne ______ Lausanne, in der Schweiz. Ich komme ______ Marokko. Und woher ______ du? Auf Wiedersehen!

b **Lies die Nachrichten aus 4a noch einmal und ergänz die Tabelle.**

	Deutschland	Österreich	die Schweiz
Städte		Klagenfurt,	
Begrüßung	Hallo,		
Abschied			Auf Wiedersehen,

4 **c** **Hör die Dialoge aus 4a noch einmal und sprich mit.**

5 Wie heißen Sie? Wie heißt du?

a Ergänz die Verbendungen.

- ● Hi, wie heißt________ du?
- ■ Ich heiß________ Manuela.
- ● Woher komm________ du, Manuela?
- ■ Ich komm________ aus Brasilien.
- ● Und wo wohn________ du?
- ■ Ich wohn________ in Wien.

- ▲ Guten Tag, wie heiß________ Sie?
- ★ Ich heiß________ Rita Studer.
- ▲ Woher komm________ Sie, Frau Studer?
- ★ Ich komm________ aus der Schweiz.
- ▲ Und wo wohn________ Sie?
- ★ Ich wohn________ in Basel.

5 **b Was sagen die Personen? Hör zu und kreuz an.**

1. a) [X] Wer sind Sie? b) [ ] Wer bist du?
2. a) [ ] Wie heißen Sie? b) [ ] Wie heißt du?
3. a) [ ] Woher kommen Sie? b) [ ] Woher kommst du?
4. a) [ ] Wo wohnen Sie? b) [ ] Wo wohnst du?

6 **c Hör noch einmal alle Fragen aus 5b und sprich nach. Achte auf die Intonation.**

6 Personen aus Deutschland, aus Österreich und aus der Schweiz

a Lies die Informationen und schreib einen Dialog zwischen Anna und Paul.

Name: Anna
Land: Schweiz
Stadt: Basel

Name: Paul
Land: Österreich
Stadt: Wien

– Hallo, ich bin Anna. Und wie heißt du?
– Ich ...

b Mach das Kreuzworträtsel. Was ist die Lösung?

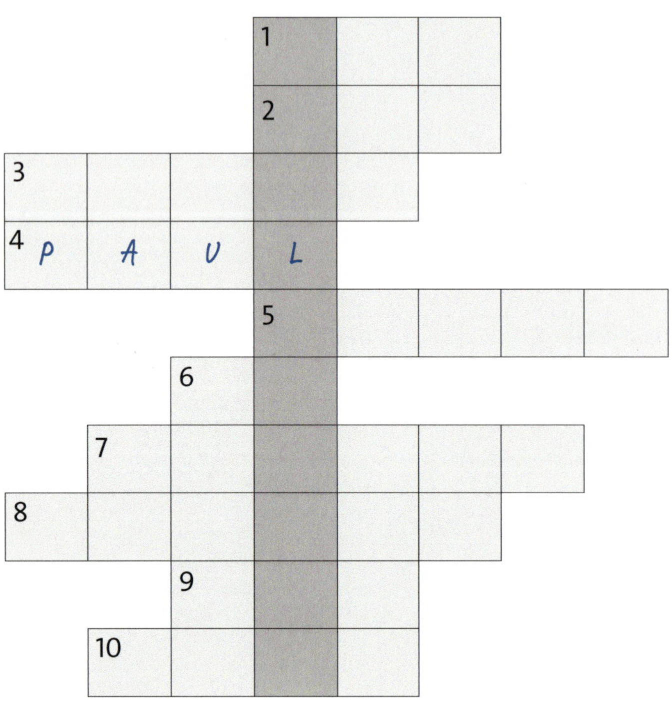

1. ... heißt du?
2. ... wohne in Madrid.
3. Hi, guten Tag, servus, ...
4. Aus Österreich, aus Wien: ....
5. Ich ... aus Deutschland.
6. ... wohnst du?
7. Woher ... du?
8. Woher ... Sie?
9. ... bist du?
10. Wer ... Sie?

Lösung:

__ __ __ L __ __ __ __ __ __

7 Deutschland, Österreich und die Schweiz im Alphabet

7 **Wie schreibt man das? Hör zu und schreib die Städtenamen.**

Deutschland | die Schweiz | Österreich

Fü ...

______

______

______

______

______

8 Die Anmeldung

8 **Ordne den Dialog. Hör zur Kontrolle.**

- [ ] *Wie schreibt man das?*
- [1] *Guten Tag! Wie heißen Sie?*
- [ ] *Und der Vorname?*
- [ ] *Kaczmarek.*
- [ ] *Neustraße 2, in Hamburg.*
- [ ] *Die Mailadresse?*
- [ ] *Jurek.*
- [ ] *Kaczmarek: K – A – C – Z – M – A – R – E – K.*
- [ ] *Wo wohnen Sie, Herr Kaczmarek?*
- [ ] *j.kaczmarek@beispiel.de*
- [ ] *Danke!*

9 Wiedersehen beim Schüleraustausch: Hallo, wie geht's?

9 **a Hör die Dialoge und ergänz die fehlenden Wörter.**

● Hallo, Tom!

■ Hi. Wie geht's ______?

● ______, und dir?

■ ______.

▲ Guten Morgen, ______ Vry.

★ Hallo, Anna. Wie ______?

▲ Gut, und ______?

★ Sehr gut. ______.

b **Wie geht's dir? Ordne die Antworten. Schreib ins Heft.**

Es geht so. Schlecht. Sehr gut. Nicht so gut. ~~Super!~~ Gut.

Super! >

10 Musik oder Sport? Pop oder Rock?

10 **a** **Hör zu. Wer mag was? Kreuz an.**

Frau Nebel

☐ Rock / X Klavier

Herr Müller

☐ Musik / ☐ Fußball

Lukas

☐ Yoga / ☐ Surfen

Mia

☐ Skaten / ☐ Basketball

b **Was magst du? Was magst du nicht? Schreib drei Sätze in dein Heft.**

Ich mag ...

11 Chat mit der Austauschklasse

Verben-Chaos: Korrigier die Verben.

< **Austauschklasse**

Servus! Ich ~~wohne~~ Hannes und mag in Wien, in Österreich. Ich bin Musik: Klassik und Pop.

Hoi, ich mag Yann. Ich komme in Deutschland, aber ich wohne aus der Schweiz. Ich heiße Fußball und Yoga.

bin, __________

____

____

____

Das ist wichtig für mich

Was ist dein Lieblingswort?

____

____

Was hat dich überrascht?

____

____

Was war besonders schwierig?

____

____

Woher kommst du?

Sonia, Robert und Pedro zeigen euch ihre Städte.

Aber: Wo wohnen sie?

< Meine Stadt

Hallo! Ich bin Sonia.
Hier wohne ich ☺

Stadt: *Luzern*

Land: ______

Grüezi!
#Luzern

Der Vierwaldstätter See – super!
#Wochenende

Willkommen am Pilatus!
#Pilatus #Schweiz

Blick vom Pilatus. Ich mag Berge!
#Berge #wandern

< Meine Stadt

Guten Tag! Ich heiße Robert.
Das ist meine Stadt:

Stadt: ______

Land: ______

Servus!
#Willkommen

Musik – Klassik – Mozart!
#IchmagMusik

Nockerln: eine österreichische Spezialität.
#lecker

Winter in meiner Stadt
#Ich♡Salzburg

< Meine Stadt

Hi! Ich bin Pedro.
Meine Familie kommt aus Mexiko. Jetzt wohne ich in ...

Stadt: ______

Land: ______

Meine Stadt ♡
#Willkommen

Der Chinesische Turm im Englischen Garten
#ChinaDeutschland

Der FCB: mein Verein!
#Fußball #Bayern

Grüß Gott vom Oktoberfest!
#München

Mach die Übungen. Kontrollier deine Ergebnisse auf Seite 84 und notier die Punkte.

1 Begrüßung und Abschiedsgruß

Was antwortest du? Ordne zu.

Hallo. Wie heißt du?	Auf Wiedersehen.
Guten Tag. Ich bin Franz Fischer.	Ich bin Jule, und du?
Wie geht's?	Hallo, Herr Fischer.
Tschüs.	Gut, danke. Und dir?

___ / 4 Punkte

2 Namen und Wohnort sagen und buchstabieren

a Welche Antwort passt? Kreuz an.

1. Wie heißt du?
   a) ☐ Ich mag Yoga.
   b) ☐ Aus Berlin.
   c) ☐ Ich bin Tim.

2. Woher kommst du?
   a) ☐ Aus Wien.
   b) ☐ Ich heiße Lena.
   c) ☐ In Bern.

3. Wo wohnen Sie?
   a) ☐ Aus Japan.
   b) ☐ In Basel.
   c) ☐ Sehr gut!

4. Was magst du?
   a) ☐ Ich bin Karim.
   b) ☐ In Deutschland.
   c) ☐ Musik.

___ / 4 Punkte

11 **b Hör zu und schreibe die Länder- und Städtenamen.**

1. ____________ 2. ____________ 3. ____________

___ / 3 Punkte

3 Sagen, was ich mag

12 **Hör zu. Was mag Jan? Was mag Ella? Was mögen sie nicht?**

	👍	👎
Jan	____________	____________
Ella	____________	____________

___ / 6 Punkte

4 Grammatik: Ergänz die Fragewörter und die Verbendungen in den Dialogen.

1.
- ● Hallo! ________ bist du?
- ■ Ich bi________ Ana. Und ________ heißt du?
- ● Ich heiß________ Emre.
- ■ Und woher komm________ du, Emre?
- ● Aus Deutschland. Ich wohn________ in Köln.

2.
- ▲ Guten Tag.
- ★ Hallo, guten Tag! Wie heiß________ Sie?
- ▲ Martin Müller.
- ★ ________ wohnen Sie, Herr Müller?

___ / 8 Punkte

Punkte insgesamt: _____ / 25 Punkte

13 Seite 8

Hallo!
und
Guten Tag!
ich
sein, ist
Ich bin Jule.
Herzlich willkommen!
Guten Morgen!
du
Hi!
heißen
Ich heiße Tim. Und du?

14 Seite 9

kommen
aus
Ich komme aus Deutschland.
wohnen
in
Ich wohne in Deutschland.
der Name, -n
das Land, -ä-er
die Stadt, -ä-e
wer
Wer bist du?
wo
Wo wohnst du?
woher
Woher kommst du?
Deutschland

15 Seite 10, 11 und 12

die Schweiz *(nur Sg.)*
Herr ... *(Anrede)*
Österreich
Frau ... *(Anrede)*
Tschüs!
Auf Wiedersehen!
wie
Sie
Wie heißen Sie?
Wie schreibt man das?
schreiben
man
das

16 Seite 13

die Adresse, -en
Wie bitte?
die Schule, -n
der Nachname, -n
der Vorname, -n
die Straße, -n
die Mail, -s
Wie geht's?
Wie geht es Ihnen?

Super.
Sehr gut.
Gut.
Es geht so.
Nicht so gut.
Schlecht.

Und dir? / Und Ihnen?
so
auch
Danke!

17 Seite 14

der Sport *(nur Sg.)*

Fußball
Basketball
Surfen
Skaten
Yoga
Rad fahren

die Musik *(nur Sg.)*
oder
mögen, mag
nicht
sehr
Ich mag Sport nicht/sehr/auch.

18 Seite 15

was
Was magst du?
hier
spielen
das Klavier, -e
Ich spiele Klavier.
die Gitarre, -n
das Computerspiel, -e

Regel

Nomen und Namen schreibt man groß: die Gitarre, Österreich, Tim, ...

2 Magst du Mathe?

1 Schulfächer

Wie heißen die Schulfächer? Schreib die Namen.

lisch • Eng • Bio • gie • lo • Ma • ma • tik • the • sik • Mu • ~~gra~~ • ~~Geo~~ • ~~fie~~ • Kunst • Sport • Deutsch

Geografie

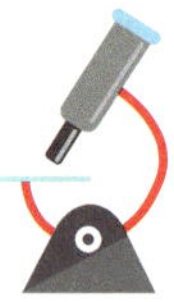

____

____

____

____

____

____

____

2 Magst du Bio?

19 **Hör zu und ergänz die Wörter.**

- Hallo, ich b*in*______ Ella. Ich b______ neu hier.
- Hallo, ich h______ Andre. Woher k______ du?
- Ich k______ aus Schweden, aus Göteborg. Aber jetzt w______ ich in Heidelberg. Was haben wir jetzt?
- Geografie. M______ du Geografie?
- Nein, ich m______ Geografie nicht. Und du?
- Geografie i______ super. Ich mag Geografie.

3 Phonetik: Fragen und Antworten

20 **a** 👍 **oder** 👎 **oder** 👉 **? Hör zu und kreuz an.**

	👍	👎	👉
1. Nein, Bio ist langweilig.		X	
2. Musik! Ich mag Musik sehr.			
3. Mathe? Na ja, es geht.			
4. Deutsch ist super!			

21 **b** **Hör die Fragen und sprich die Antwort.**

22 **c** **Minidiktat: Hör zu und schreib ins Heft.**

Ich heiße Jule

4 Interviews in der Klasse

23 **a Was mag Tabea? Ergänz den Dialog. Hör zur Kontrolle.**

- Tabea, magst du __Kunst__ ?
- Nein, ____________ ist langweilig, ich m______ Bio und __________.
- Das ist Tabea. Sie ______ Bio und _______. __________ mag sie nicht.

b Was mag Erik? Ergänz den Dialog.

- Erik, wie h__eißt__  auf Deutsch?
- ____________________. Ich m_____ ____________________.
- M___________ du auch ________________  ?
- Nein, ich m__________ Biologie n_____________.
- Das ist Erik. Er mag Biologie n_________. Er mag _________________.

5 Das ist mein Freund

a Ergänz die Verben in der Tabelle.

Infinitiv	spielen	wohnen	heißen	machen	mögen	sein
ich	spiel__e__	wohn__	heiß__	mach__	______	bin
du	spiel__	wohn__	heiß__	mach__	mag__	b______
er/es/sie	spiel__	wohn__	heiß__	mach__	______	i______
wir	spiel__	wohn__	heiß__	mach__	mög__	sind
ihr	spiel__	wohn__	heiß__	mach__	mög__	seid
sie/Sie	spiel__	wohn__	heiß__	mach__	mög__	sind

b Ergänz die Verbendungen im Dialog.

Hannah: Hallo Matteo, ich heiß__e__ Hannah.

Matteo: Hallo, Hannah.

Hannah: Und das i_____ meine Freundin. Sie heiß_____ Greta. Sie spiel_____ Fußball.

Matteo: Super. Ich spiel_____ auch Fußball.

Hannah: Oh. Das i_____ Henri. Er m_____ auch Fußball. Greta und Henri spiel_____ zusammen.

Matteo: Toll. Ihr spiel_____ Fußball!

Greta: Ja, wir mög_____ Fußball!

Hannah: Aber ich m_____ Fußball nicht.

6 An die Austauschklasse

24 Hör zu und kreuz an. Was ist richtig?

1. Vanessa mag

 ☐  ☐  ☒

2. Leon mag

 ☐  ☐  ☐

3. Michaela mag

 ☐  ☐  ☐

7 Meine Freunde

25 Ergänz den Text. Hör zur Kontrolle.

Ich b*in*________ Joy und das i__________ meine Freundin Yuna. Sie m__________ Sport und Bio. Ich m__________ Mathe und Geschichte. Wir m__________ auch Musik. Yuna sp__________ gut Gitarre. Wir sp__________ oft zusammen. Yuna und ich m__________ auch Yoga und wir sp__________ Computerspiele.

8 Die Zahlen 1 bis 20

26 **a** Hör zu und sprich nach.

b Welche Zahlen findest du im Bild? Schreib die Zahlwörter.

*drei*________ __________

__________ __________

__________ __________

__________ __________

__________ __________

c Welche Zahlen fehlen? Schreib die Zahlen.

1. sieben < *acht* < neun < __________ < elf __________ < dreizehn < __________
2. __________ > sechs > __________ > __________ > drei > __________ > __________ > null
3. zwanzig > __________ > achtzehn > __________ > __________ > fünfzehn

9 Telefonnummern

27 Hör zu und notier die Telefonnummern.

Lars aus Hamburg

Tel.: *040* / __________

Melissa aus Berlin

Tel.: _____ / __________

Levi aus Düsseldorf

Tel.: _____ / __________

Eilif aus Frankfurt

Tel.: _____ / __________

10 Die Zahlen bis 1000

28 Was hörst du? Notier die Zahlen und lies laut.

a) 36 b) ____ c) ____ d) ____

e) ____ f) ____ g) ____ h) ____

11 Zahlenspiele

29 **a** Hör zu und notier die Zahlen. Ergänz immer die nächste Zahl wie im Beispiel. Sprich beide Zahlen laut.

a)	21	22						
b)								
c)								
d)								

b Zahlenkette: Ergänz die nächsten zwei Zahlen.

a) drei < sechs < neun < zwölf < ____

b) siebzig < dreiundsechzig < sechsundfünfzig < ____ < ____

c) zwei < vier < acht < ____ < ____

d) neunundneunzig > achtundachtzig > siebenundsiebzig > ____ > ____

c Schreib noch zwei Zahlenketten wie in 11b. Schreib in dein Heft.

zwanzig < vierzig < sechzig < ...

12 Meine Schulsachen

30 Schreib die Wörter. Hör zur Kontrolle und lies laut.

der

Kuli

das

die

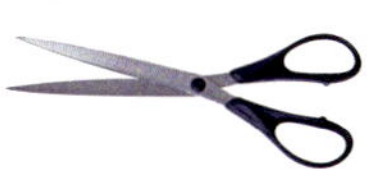

13 Phonetik: Wortakzent

31 Hör zu und markier den Wortakzent.

der Kuli	der Spitzer	die Brille	die Schere
der Bleistift	der Buntstift	der Rucksack	das Tablet
der Radiergummi	das Lineal	die Sporttasche	die Brotdose

14 Ist das ein Bleistift?

32 **a** Was ist in Pauls Rucksack? Hör zu und kreuz an.

 ☐
 ☒
 ☐
 ☐
 ☐

☐
 ☐
 ☐
 ☐
 ☐

☐
 ☐
 ☐
 ☐
 ☐

b Was ist in deinem Rucksack? Schreib auf.

Das ist mein Rucksack. Hier ist mein ______________________

____

____

Das ist wichtig für mich

Was ist dein Lieblingswort?

____

____

Was hat dich überrascht?

____

____

Was war besonders schwierig?

____

____

Freunde, Freunde, Freunde – ein Puzzle

Was machen Freunde zusammen? Was ist wichtig für gute Freunde? Kai, Matteo, Thomas, Mariem, Alice und Inga sagen: Das mache ich mit meinen Freunden.

Aber: Wer passt mit wem zusammen? Alle haben einen Freund oder eine Freundin.

Ich mag Sport und Musik. Ich mache Ballett. Ich habe eine Freundin in Österreich. Wir chatten viel. Sie mag Sport nicht, aber Musik und Kunst.

Inga, 12 Jahre, Bremen

Ich habe eine Freundin in Deutschland. Sie mag auch Musik. Wir chatten viel und schicken Musikvideos.

Mariem, 14 Jahre, Wien

Ich mag Musik. Ich spiele Keyboard in der Schülerband. Mein Freund ist auch in der Schülerband. Er singt super.

Alice, 11 Jahre, Genf

Ich bin zwölf und mein Freund ist schon 14 Jahre. Aber das ist egal. Er wohnt in Deutschland. Wir spielen zusammen Videospiele.

Thomas, 12 Jahre, Salzburg

Kai, 14 Jahre, München

Mein Freund ist in Österreich. Aber wir machen viel zusammen. Wir spielen Videospiele und chatten viel. Wir mögen beide Sport.

Matteo, 11 Jahre, Genf

Ich mag Mathe und Sport, Fußball, Volleyball, Basketball. Musik in der Schule mag ich nicht, aber ich singe und spiele Gitarre in der Schülerband.

2 Teste dich!

Mach die Übungen. Kontrollier deine Ergebnisse auf Seite 84 und notier die Punkte.

1 Telefonnummern erfragen und mitteilen

33 **Hör zu und notier die Telefonnummern.**

1. ______________________ 2. ______________________ 3. ______________________

___/3 Punkte

2 Freunde vorstellen und über Schulfächer sprechen

a Schreib die Fragen zu den Antworten.

1. ● ______________________ ■ Meine Freundin heißt Anna.
2. ● ______________________ ■ Nein, ich mag Bio nicht. Ich mag Geografie.
3. ● ______________________ ■ 506 871 923. Und deine?

___/6 Punkte

34 **b Hör zu und schreib die Antworten.**

1. Magst du Ballett? – ______________________
2. Ich mag Mathe. Und du? – ______________________
3. Bio ist super! – ______________________

___/6 Punkte

3 Über Schulsachen sprechen

Wie heißt das auf Deutsch? Schreib die Nomen mit unbestimmtem Artikel (*ein, eine*).

1. Das ist ___ ________.

2. Das ist ___ ________.

3. Das ist ___ ________.

4. Das ist ___ ________.

5. Das ist ___ ________.

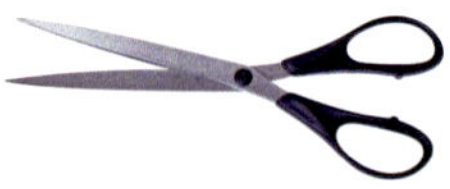

6. Das ist ___ ________.

___/6 Punkte

4 Grammatik: Ergänz die Sätze mit den Verbformen.

1. Hi, ich __________ Mariem. Woher __________ ihr? – Aus Berlin. *(sein; kommen)*
2. Wie __________ dein Freund? – Luis. *(heißen)*
3. Spielst du Fußball? – Nein, Fußball __________ ich nicht. *(mögen)*

___/4 Punkte

Punkte insgesamt: ___/25 Punkte

5 ## Seite 18

Mathematik/Mathe ____
Musik ____
Englisch ____
Sport ____
Biologie, Bio ____
Deutsch ____
Geografie ____
Kunst ____

6 ## Seite 19

neu ____
aber ____
jetzt ____
ja ____
nein ____
Magst du Bio? – Nein, ich mag Bio nicht.
langweilig ____
das Fach, -ä-er ____
Na ja, es geht. ____
auf Deutsch ____
Wie heißt ... auf Deutsch?
Geschichte ____
blöd ____
er ____

7 ## Seite 20

der Freund, -e ____
die Freundin, -nen ____
mein ____
Das ist mein Freund Paul.
wir ____
machen ____
viel ____
zusammen ____
nur ____
ihr ____
heute ____
Keine Ahnung. ____
gern ____
sie ____
Das ist Mia. Sie mag Sport.
sie ____
Das sind Fred und Mia. Sie mögen Sport.
lernen ____
meine ____
Das ist meine Freundin Mia.

38 ## Seite 21

die Klasse, -n ____
Tennis ____
die Band, -s ____
die Schülerband, -s ____
der Schüler, - ____
die Schülerin, -nen ____

39 ## Seite 22 und 23

da ____
Wer ist da? – Hier ist ...
die Handynummer, -n ____
deine ____
Wie ist deine Handynummer?

0 null	6 sechs	12 zwölf	18 achtzehn
1 eins	7 sieben	13 dreizehn	19 neunzehn
2 zwei	8 acht	14 vierzehn	20 zwanzig
3 drei	9 neun	15 fünfzehn	
4 vier	10 zehn	16 sechzehn	
5 fünf	11 elf	17 siebzehn	

40 ## Seite 24

der Bleistift, -e ____
das Lineal, -e ____
der Radiergummi, -s ____
das Handy, -s ____
die Schere, -n ____
der Laptop, -s ____
der Kuli, -s ____
die Brille, -n ____
das Heft, -e ____
der Rucksack, -ä-e ____
das Buch, -ü-er ____
die Sporttasche, -n ____
das Smartphone, -s ____
der Kugelschreiber, - ____

41 ## Seite 25

ein ____
eine ____
dein ____
die Uhr, -en ____

Tipp

Lern Nomen direkt mit Artikel! Schreib in den Farben blau, grün, rot. Schreib Lernkarten.

3 Habt ihr Haustiere?

1 Tiere

42 **a Wie heißen die Tiere? Hör zu und ordne die Fotos.**

43 **b Wie heißen die Tiere? Ordne die Buchstaben und hör zur Kontrolle.**

TIRGE HUK SAUM FLOW VELGO

1. der Tiger 2. die ________ 3. die ________ 4. der ________ 5. der ________

2 Phonetik: die Vokale *a, e, i, o, u* lang – und kurz •

44 **a Hör zu und markier die Vokallänge: lang (a, e, i, o, u) oder kurz (ạ, ẹ, ị, ọ, ụ).**

1. das Lama
2. die Katze
3. der Schmetterling
4. der Seehund
5. der Tiger
6. der Pinguin
7. der Vogel
8. der Wolf
9. der Hund
10. die Kuh

45 **b Hör zu und markier den Wortakzent. Hör dann noch einmal und schreib die Wörter in eine Tabelle.**

die Zahl · die Sporttasche · die Brille · spielen · Tennis · die Schere · die Brotdose · das Buch · der Rucksack · das Lineal

lang	kurz
Zahl	Sporttasche
...	...

3 Tiere und Kontinente

46 **Hör zu und schreib die Kontinente. Markier den Wortakzent. Ist der Vokal lang – oder kurz •?**

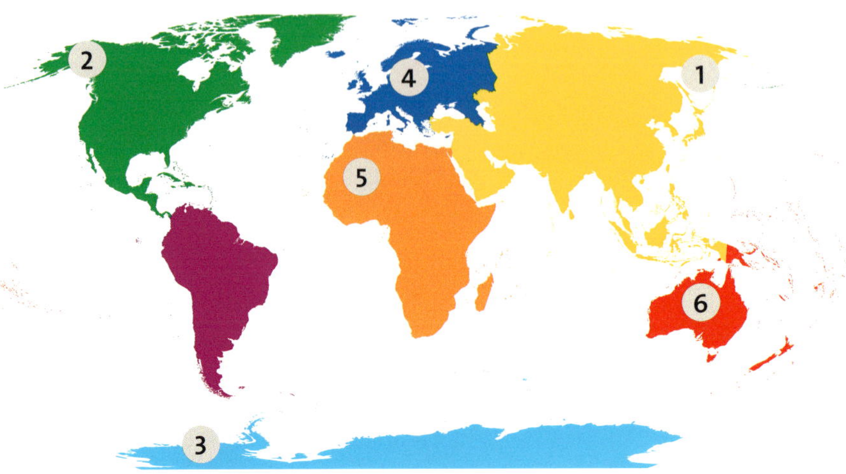

1 Asien

4 Haustiere

a Ordne den Dialog. Schreib auf die Linien.

■ Ja, ich habe einen Hund. Und du?	– Hast du ein Haustier?
● Ich habe eine Katze.	______
■ Er spielt gern.	______
● Minna. Und dein Hund?	______
● Cool. Minna spielt auch gern.	______
● ~~Hast du ein Haustier?~~	______
■ Wie heißt deine Katze?	______
■ Kinky.	______
● Was macht Kinky gern?	______

b Ergänz die Formen von *haben*.

● ______ du ein Haustier, Klara?

■ Nein, ich habe kein Haustier. Und du, Leon?

● Ich ______ zwei Katzen.

● ______ ihr ein Haustier, Tina und Anton?

★ ▲ Ja klar, wir ______ viele Haustiere: eine Spinne, einen Pinguin und einen Tiger.

● Aber das sind keine Haustiere!

Klara ______ kein Haustier, Leon ______ zwei Katzen.

Tina und Anton ______ keine Haustiere.

c Ergänz die Tabelle. Was ist anders im Akkusativ? Markier.

Artikel + Nomen		Nominativ	Akkusativ
der Hund		Das ist ein Hund.	Ich habe einen Hund.
______ Pferd		______	______
______ Maus		______	______
______ Kuli		______	______
______ Handy		______	______
______ Brille		______	______

5 Hast du einen/ein/eine ...?

a Sieh die Bilder und die Fragen an: Wer hat was? Schreib in dein Heft.

1. Was hat Timo und Leyla nicht?
2. Was hat Leyla und Timo nicht?
3. Was haben Timo und Leyla?

1. Timo hat einen Tiger, ...
2. Leyla hat ...
3. Timo und Leyla haben ...

b Was hast du? Was hast du nicht? Schreib ins Heft.

Ich habe ...
Ich habe keinen/kein/keine ...

6 Interviews in der Klasse

Ergänz die Endungen.

- Hast du ein Haustier, Linus?
- Ja, ich ha*be*___ eine Schildkröte. Und meine Freundin ha___ auch eine Schildkröte. Sie heiß___ Odo und Kleo. Meine Schildkröte heiß___ Odo. Ich ma___ Odo sehr.
- Wie alt i___ Odo?
- Fünf Jahre. Er komm___ aus Afrika, aber jetzt leb___ er hier in Bremen. Ha___ ihr auch Haustiere?
- Nein, wir hab___ keine Haustiere.

7 Sport für Hunde

a Welches Foto passt? Lies und kreuz an.

Ich bin Torben und das ist Tiger. Tiger ist mein Pferd. Es kommt aus Deutschland. Tiger ist ein Jahr alt. Tiger ist sehr schnell. Er springt aber nicht so gut. Ich mag Tiger sehr.

b **Lies den Text noch einmal und schreib Antworten zu den Fragen.**

1. Ist Torben ein Pferd? Nein, Torben ist ein Junge.
2. Ist Tiger ein Tiger? ____________________
3. Kommt Tiger aus Europa? ____________________
4. Mag Torben Tiger? ____________________

c **Ja/Nein-Fragen: Schreib die Fragen aus 7b in die Tabelle.**

1.	Ist	Torben	ein Pferd?
2.			
3.			
4.			

47 **d** **Satzmelodie: Hör die Ja/Nein-Fragen aus 7b und sprich nach.**

e **Schreib Ja/Nein-Fragen mit *du*, *ihr* und *Sie*.**

1. heißen – Merkel
2. kommen – aus Hamburg
3. wohnen – Europa
4. lernen – Deutsch

1. Heißt du Merkel?
Heißt ihr Merkel?
Heißen ...

8 Bens Haustiere

a **Fragen und Antworten: Ordne zu.**

Wie heißt dein Hund?	Er spielt gern Frisbee.
Wie alt ist er?	In Wien.
Was mag er gern?	Benji.
Wie groß ist dein Hund?	Er ist drei Jahre.
Wo wohnt er?	Nicht groß und nicht klein.

b **W-Fragen: Ergänz das Fragewort: *was*, *wer*, *wie*, *wo* oder *woher*?**

1. Wie heißt deine Katze?
2. ________ ist dein Lieblingstier?
3. ________ kommt der Pinguin?
4. ________ ist deine Spinne?
5. ________ hat ein Haustier?
6. ________ alt ist dein Hund?

9 Viele Tiere – Plural

a **Schreib die Wörter im Singular mit Artikel. Markier dann die Pluralendungen in vier Farben (*-e*, *-s*, *-n*, Umlaut).**

1. die Tiere – das Tier
2. die Mäuse – ____________________
3. die Fische – ____________________
4. die Lamas – ____________________
5. die Kühe – ____________________
6. die Spinnen – ____________________

48 **b Interviews: Hör zu und kreuz an.**

P

1. Die Lieblingstiere von Leo sind
a) ☐ Lamas.
b) ☐ Meerschweinchen.
c) ☐ Hunde.

2. Sara hat
a) ☐ zwei Spinnen und zwei Fische.
b) ☐ eine Spinne und drei Fische.
c) ☐ drei Fische und drei Spinnen.

10 Plural üben

Bia hat viele Tiere. Ergänz die Pluralendungen.

Hallo! Ich bin Bia. Ich habe drei Pferde________, fünf Katz________, vier Hund________, zwei Vög________ und zwei Hamst________. Mein Lieblingstier ist das Känguru. Aber ich habe keine Känguru________.

11 Die Farben

Schreib die Farben zu den Tieren. Korrigier dann wie im Beispiel.

1. Giraffen sind nicht blau. Sie sind gelb und braun.

1. blau 2. ________ 3. ________ 4. ________ 5. ________ 6. ________

12 Tiere beschreiben

Ergänz die Pronomen: *er, es, sie*.

1. Hast du ein Tier? Wie heißt es?
2. Ella hat einen Hund. ________ ist weiß.
3. Leo hat eine Katze. ________ mag Mäuse.
4. Ich habe Vögel. ________ mögen Salat.
5. Torben hat ein Pferd. ________ ist schnell.
6. Das ist ein Lama. ________ kommt aus Südamerika.

Das ist wichtig für mich

Was ist dein Lieblingswort?

____

Was hat dich überrascht?

____

Was war besonders schwierig?

____

Zoos in Deutschland

● Hallo, Leute! Wir sind Jule …

■ … und Tim. Und das ist unser Podcast!

● Unser Thema heute ist: Zoos in Deutschland. Wie viele Zoos gibt es denn in Deutschland?

■ Uff, keine Ahnung! Sehr viele, oder? Wir fragen mal Leon, unseren Zoo-Experten. Hallo, Leon! Willkommen!

▲ Hallo! Es gibt circa ___1000___ Zoos und Tierparks in Deutschland, also echt viele! Und Berlin hat sogar ____________ Zoos. Ein Zoo heißt Zoo Berlin, ein Zoo heißt Tierpark Berlin. Der Zoo Berlin ist über ____________ Jahre alt und hat fast ____________ Tiere. Die Pandabären sind berühmt. Sie kommen aus China.

● Hast du einen Lieblingszoo, Leon?

▲ Ja, ich mag den Zoo in Frankfurt sehr gern. Er ist auch alt, aber nicht so alt wie der Zoo Berlin. Er ist ____________ Jahre alt und sehr modern. Das Affenhaus ist ganz neu und sehr schön. In Frankfurt gibt es viele Menschenaffen. Menschenaffen sind super intelligent. Der Zoo in Hamburg ist auch interessant. Er heißt Tierpark Hagenbeck und hat ____________ Elefanten.

■ Hat München auch einen Zoo?

▲ Ja, er heißt Tierpark Hellabrunn. Er ist auch sehr groß. Im Zoo leben über ____________ verschiedene Tierarten aus Europa, Asien, Australien, Amerika und der Antarktis. Die Pinguine kommen aus der Antarktis.

● Ich mag Pandas, Affen, Elefanten und Pinguine, aber Zoos mag ich nicht so gern.

■ Ich schon. Ich finde Zoos interessant. Danke für die vielen Informationen, Leon!

● Tschüs und bis zum nächsten Podcast!

49 **Lies den Text. Welche Zahl passt wo? Hör dann den Podcast und kontrollier deine Antworten.**

2 12 180 750 ~~1000~~ 20.000 163

Mach die Übungen. Kontrollier deine Ergebnisse auf Seite 85 und notier die Punkte.

1 Über Tiere sprechen

Schreib die Antworten. Antworte in ganzen Sätzen.

1. Hast du ein Haustier? ______________________
2. Hast du eine Katze? ______________________
3. Was ist dein Lieblingstier? ______________________
4. Woher kommt die Giraffe? ______________________
5. Mag dein Freund / deine Freundin Hunde? ______________________

___ /5 Punkte

2 Ein Interview führen

Schreib die Fragen.

1. ______________________ – Ja, ich habe einen Hund.
2. ______________________ – Er heißt Cox.
3. ______________________ – Er ist sechs Jahre alt.
4. ______________________ – Mein Lieblingstier heißt Cox.
5. ______________________ – Nein, ich mag keine Katzen.

___ /5 Punkte

3 Ein Tier vorstellen

Schreib zehn Sätze über Rahel und ihre Tiere. Beginne so: *Das ist Rahel. Sie …*

Rahel: Klasse 8, 14 Jahre
Lieblingstiere: Hunde, Vögel und Giraffen
Haustiere:
- Bibby: 2 Jahre, grün und gelb, sehr laut
- Tasso: 5 Jahre, braun, groß, sehr lieb
- Alpha, Beta, Gamma: weiß, klein, schnell
- Kasimir: grau und alt

___ /10 Punkte

4 Grammatik: Was hat Luca? Was hat Luca nicht? Schreib fünf Sätze in dein Heft.

Punkte insgesamt: ___ / 25 Punkte

___ /5 Punkte

0 ## Seite 28

das Lieblingstier, -e
der/das/die Lieblings-
der Seehund, -e
Mein Lieblingstier ist der Seehund.
das Pferd, -e
Das ist mein Pferd.
es
das Jahr, -e
alt
Ich bin zwölf Jahre alt.
der Hund, -e
toll
die Katze, -n
der Fisch, -e
die Kuh, -ü-e
die Maus, -äu-e
der Wolf, -ö-e
der Vogel, -ö-
der Tiger, -
der Schmetterling, -e
Europa

51 ## Seite 29 und 30

die Giraffe, -n
glauben
Ich glaube, die Giraffe kommt aus Afrika.
Das weiß ich nicht.
haben, hat
das Haustier, -e
Hast du ein Haustier?
keinen, kein, keine
Tim hat keinen Fisch.
die Spinne, -n

2 ## Seite 31 und 32

der Fußball, -ä-e
das Kaninchen, -
Wie alt …?
Wie alt bist du?
mit
springen
schnell
Frisbee spielen
der Hamster, -

53 ## Seite 33 und 34

der Monat, -e
Mein Hamster ist sechs Monate alt.
von
Hansi ist der Hamster von Ben.
die Party, -s
klein
laut
das Tier, -e
der Computer, -
der Ball, -ä-e

54 ## Seite 35

die Farbe, -n

weiß	gelb	rot	grün
blau	braun	grau	schwarz

das Meerschweinchen, -
der Salat, -e
die Karotte, -n
süß
groß
stark
interessant
lieb

55 ## die Kontinente

Afrika	Australien
die Antarktis	Nordamerika
Asien	Mittelamerika
Europa	Südamerika

Tipp

Sieh dir neue Wörter gut an. Manchmal gibt es Ähnlichkeiten mit Wörtern in anderen Sprachen, die du kennst.

1 Landkarte von Deutschland, Österreich und der Schweiz

a Ergänz die geografischen Namen. Die Karte im Kursbuch (letzte Seite) hilft.

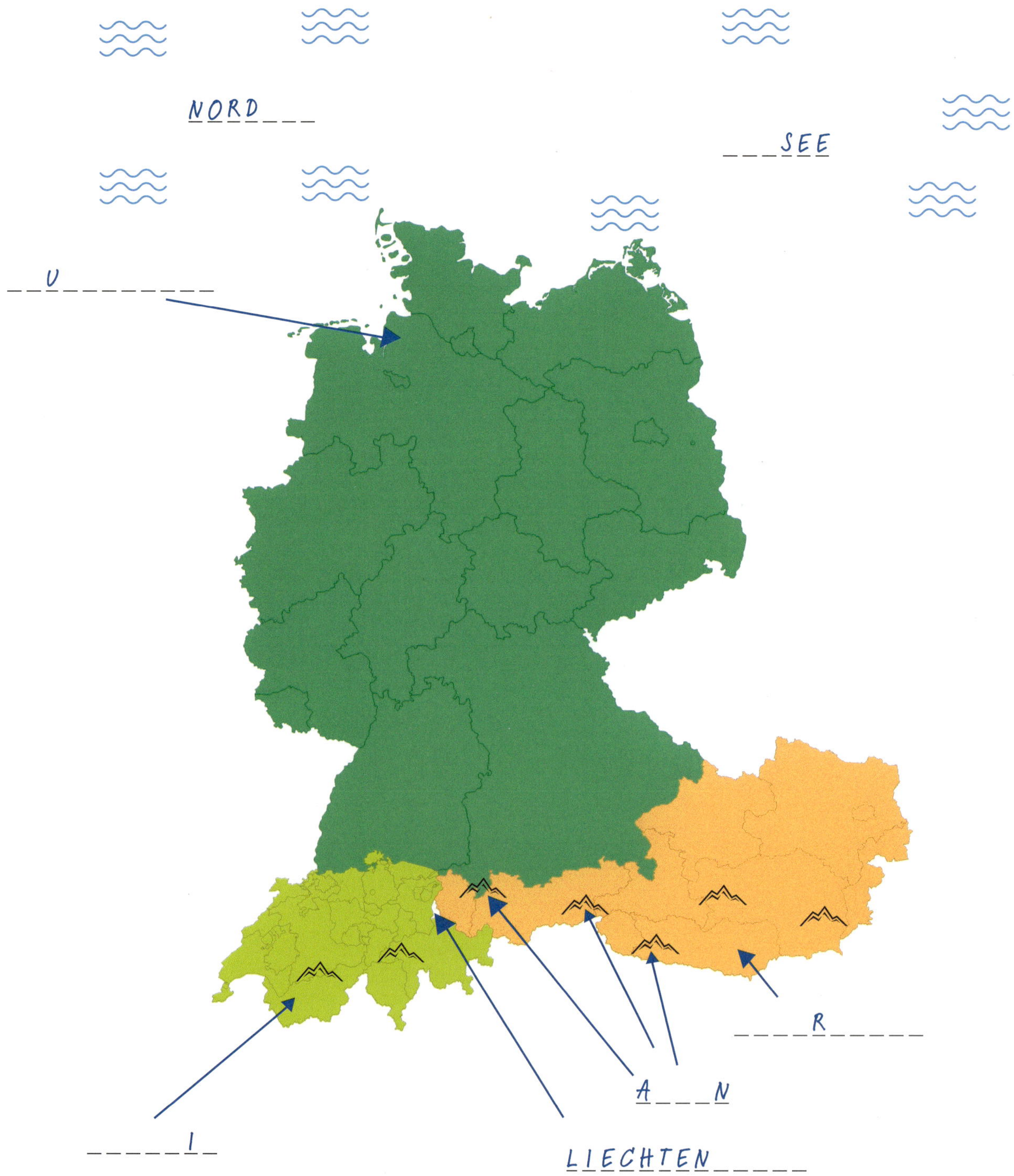

b Wo liegen diese Städte? Recherchier und zeichne sie in die Karte ein.

Genf Hamburg Wien Köln Zürich Innsbruck

Berlin Salzburg Basel Graz München Bern

c Kennst du noch mehr Städte? Ergänz sie auf der Karte.

2 Tiere in Deutschland, Österreich und in der Schweiz

56 **a** Hör zu und ordne die Fotos.

der Eisvogel

die Gämse

das Wildschwein

der Schweinswal

das Eichhörnchen

1 der Biber

b Lies die Rätsel. Was passt zu welchem Tier aus 2a?

1 Das Tier ist groß und braun. Es lebt in den Alpen und mag Pflanzen.

____

2 Das Tier ist groß. Es ist grau und weiß und lebt in der Nordsee und in der Ostsee. Es mag Fisch.

____

3 Das Tier ist klein und blau. Es lebt in Deutschland, Österreich und der Schweiz am Wasser und mag Fisch. Es kann fliegen.

____

4 Das Tier ist groß und stark. Es lebt in Deutschland, Österreich und der Schweiz im Wald. Es mag Pflanzen und kleine Tiere.

____

5 Das Tier ist klein und rotbraun. Es lebt in Deutschland, Österreich und der Schweiz auf Bäumen. Es mag Nüsse.

____

6 Das Tier ist nicht groß und nicht klein. Es ist braun und lebt in Deutschland, Österreich und der Schweiz. Es mag Wasser und Holz. Es kann schwimmen.

____

c Welche Tiere sind typisch für dein Land? Wie heißen sie auf Deutsch? Das Wörterbuch hilft.

____

Kleine Pause

1 Wortschlange

a Find die Wörter in der Wortschlange und schreib den Text.

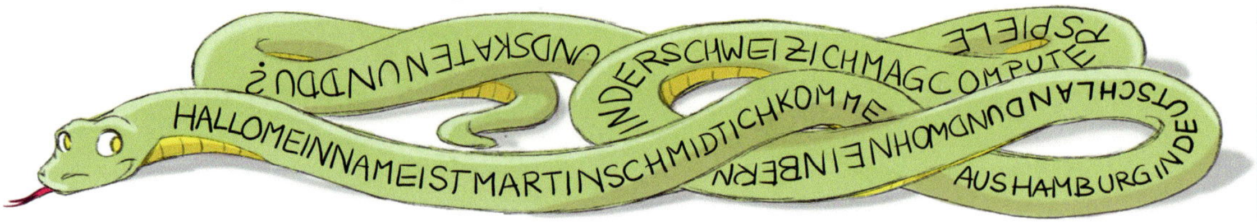

Hallo,

b Mach auch eine Wortschlange. Schreib in dein Heft.

GUTENTAGICHBIN...

2 Bingo

a Schreib neun Schulsachen in die Tabelle.

der Bleistift		

57 **b** Hör zu und markier die Wörter in 2a. Hast du drei „Richtige" waagerecht →, senkrecht ↓ oder diagonal ↘?

Bingo!

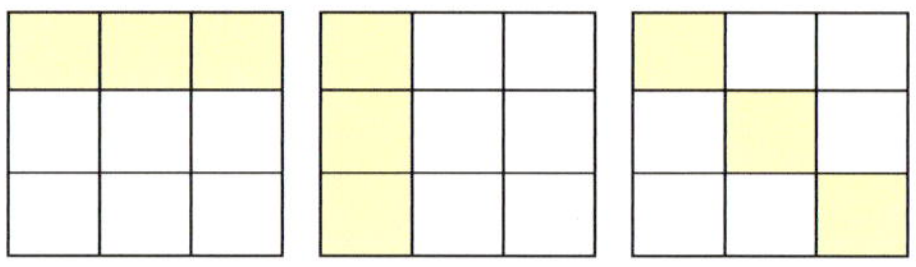

3 Silben – Silben – Silben

Bilde aus den Silben Wörter und schreib sie zu den Bildern.

Vo

~~Vo~~ Gi ein dy Ma re the num hun ma sik Mu tik Han tar dert mer gel

4 Zahlenbild

58 **a** **Du hörst Zahlen. Verbind sie. Beginn bei 1. Wie heißt das Tier?**

Das ist ein ____.

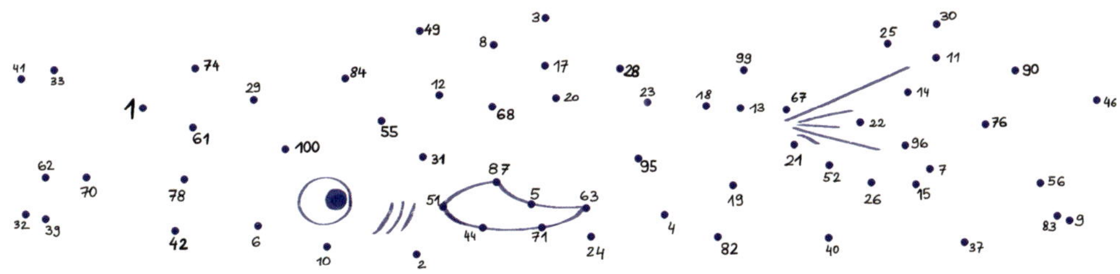

5 So „sprechen" Tiere

Welche Geräusche machen die Tiere? Ordne zu.

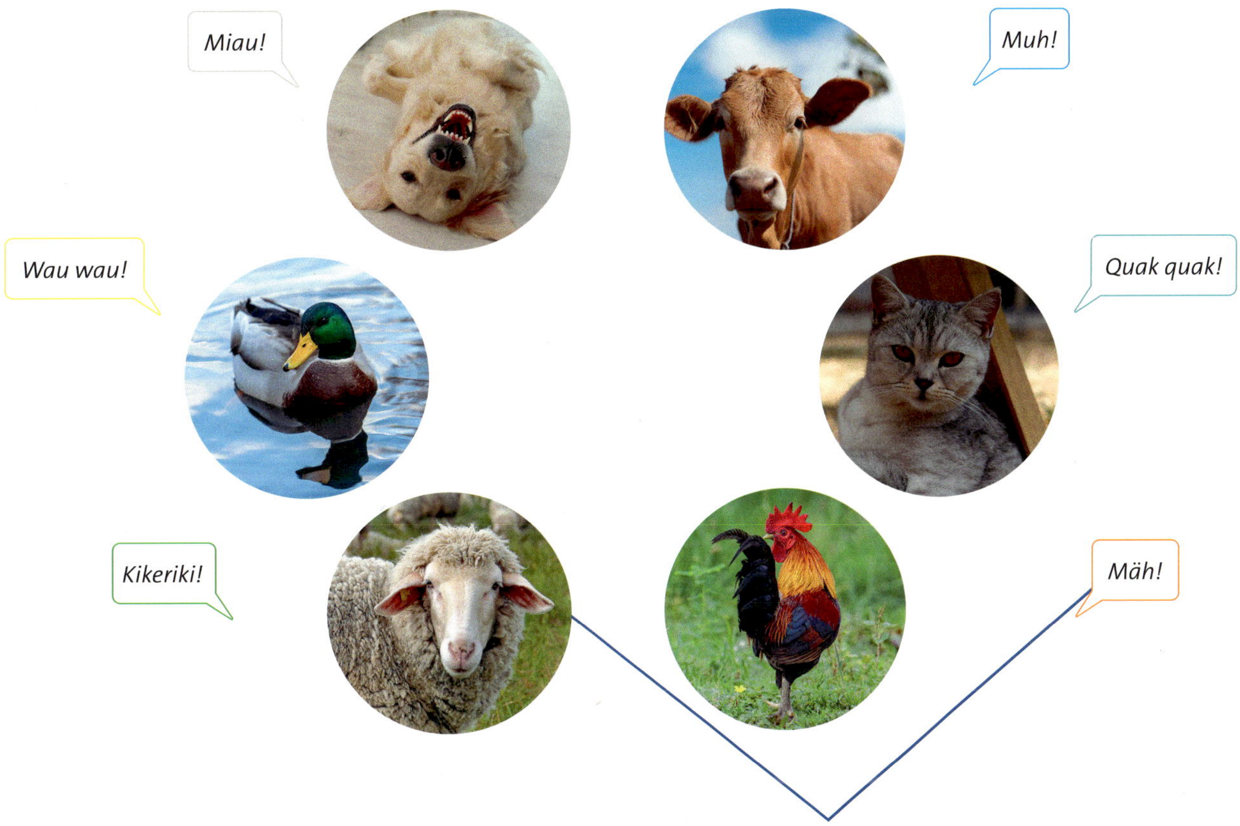

6 Viel Fantasie

a **Sieh dir die Tiere an und gib ihnen einen Fantasie-Namen auf Deutsch.**

Spinnenpferd ______ ______ ______

b **Zeichne noch ein Fantasie-Tier in dein Heft. Wie heißt es?**

4 Wie viel Uhr ist es?

1 Die Zeit

59 a **Welche Uhrzeit passt zu welchem Bild? Ordne zu. Hör zur Kontrolle.**

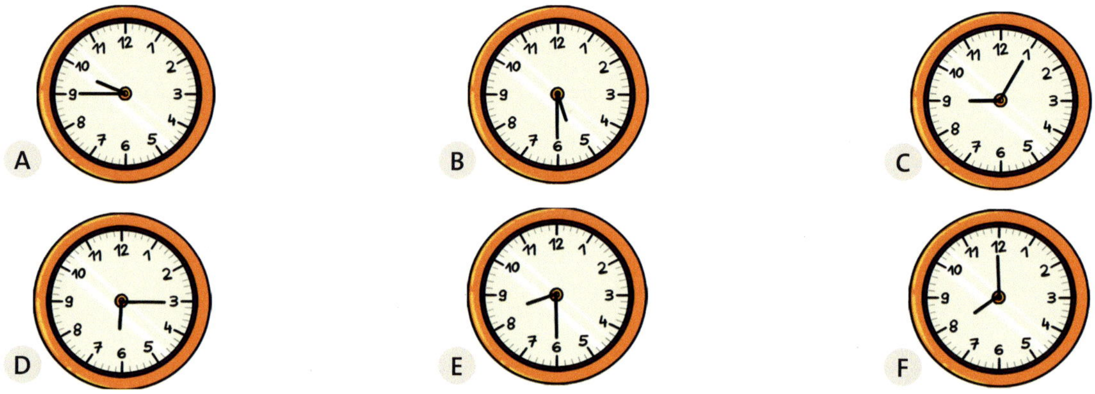

1. E halb neun
2. acht Uhr
3. Viertel vor zehn
4. Viertel nach sechs
5. fünf nach neun
6. halb sechs

60 b **Welcher Satz passt zu welcher Situation? Ordne zu. Hör zur Kontrolle.**

– Hallo. Wie viel Uhr ist es?

~~Hallo. Wie viel Uhr ist es?~~

Ich bin so müde! Es ist fünf nach sechs.

Oh nein, ich bin zu spät!

Es ist neun Uhr.

Aufstehen? Ich habe Zeit. Die Schule beginnt heute um halb zehn.

2 Wie viel Uhr ist es?

61 a Ordne die Uhrzeiten in die Tabelle ein. Hör zur Kontrolle.

~~5:55~~ 8:00 4:15 9:25 6:40 5:05

2:30 12:00 3:45 8:35 10:30

Es ist ... vor	Es ist halb	Es ist ... nach	Es ist ... Uhr.
5:55			

b Wie viel Uhr ist es? Schreib die Uhrzeiten aus 2a in dein Heft. Die Tabelle hilft.

5:55 – Es ist fünf vor sechs.

62 c Wie viel Uhr ist es? Hör zu und zeichne die Uhrzeiger ein.

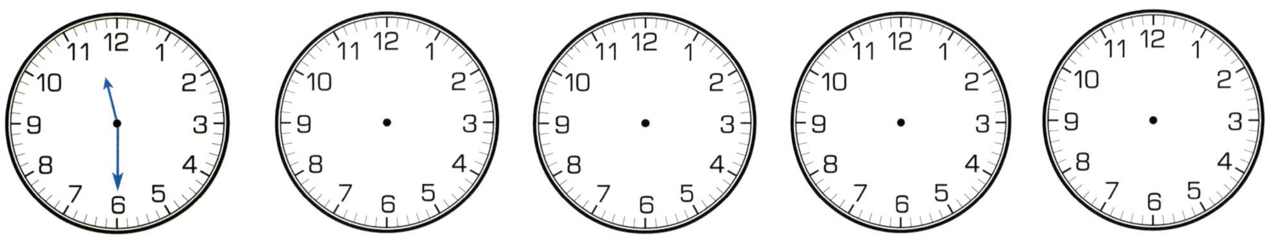

3 Meine Woche

a Mach das Kreuzworträtsel. Was ist das Lösungswort?

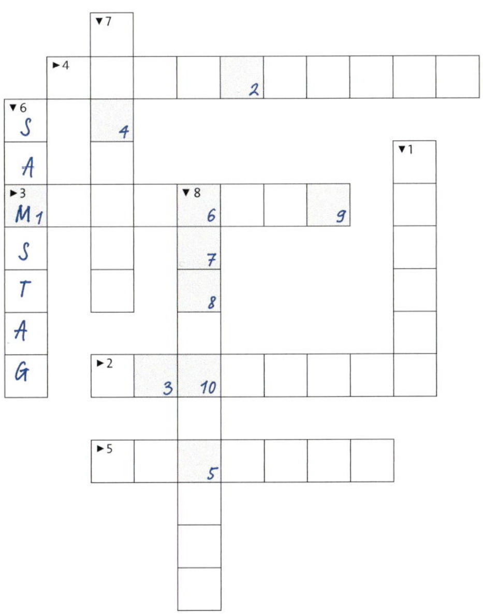

1. Die Woche beginnt mit ...
2. der 2. Tag nach Sonntag
3. die Mitte von der Woche
4. Noch zwei Tage, dann ist Wochenende!
5. der 5. Tag nach Sonntag
6. der 1. Tag vom Wochenende
7. der Tag vor Montag
8. Samstag und Sonntag: das ...

Lösungswort:

1	2	3	4	5
M				

6	7	8	9	10

b **Welche Fächer hast du auch? Kreuz an. Wie heißen sie in deiner Sprache?**

☐ Deutsch ______	☐ Mathe ______	☐ Soziales Lernen ______	☐ Informatik ______
☐ Musik ______	☐ Kunst ______	☐ Religion/ Lebenskunde ______	☐ GeWi ______
☐ Sport ______	☐ Englisch ______	☐ NaWi ______	☐ Französisch ______

c **Was ist dein Lieblingstag? Welche Fächer hast du an dem Tag? Was machst du nach der Schule? Schreib in dein Heft.**

Lieblingstag: ...
Schulfächer: ...
Freizeit: ...

4 Radio-AGs von zwei Schulen im Interview

Ergänz die Fragewörter. Es gibt mehrere Möglichkeiten.

Um wie viel Uhr · *Wann* · ~~*Wie*~~ · *Wie lange* · *Von wann bis wann* · *Wie viele*

1. *Wie* ______ heißt deine Schule?
2. ______ beginnt deine Schule?
3. ______ hast du Mittagspause?
4. ______ Stunden hast du pro Woche?
5. ______ machst du Hausaufgaben?
6. ______ hast du Freizeit?

5 Nachmittags in der Schule

63 **a** **Hör zu und notier die Uhrzeiten.**

1. *17:15 Uhr* ______ 2. ______ 3. ______ 4. ______

64 **b** **Hör zu. Welche Uhrzeiten hörst du? Wie schreibt man sie in offizieller Sprache? Kreuz an.**

☒ 15:15 ☐ 14:30 ☐ 15:10 ☐ 16:15 ☐ 16:30 ☐ 17:00 ☐ 17:45 ☐ 20:45

64 **c** **Hör noch einmal und ergänz die Infos.**

Englisch-AG montags und *donnerstags* 15:15 – 16:00 Uhr	**Politik-AG** ______ von 15:30 bis 17:00 Uhr	**Basketball-AG** Immer mittwochs Beginn: ______ Ende: ______	______ **-AG** Wann? dienstags von 16:30 bis ______ Uhr

6 Wann beginnt …?

a Markier die Verben in den Sätzen.

- ● Was machst du am Wochenende?
- ■ Samstags spiele ich Fußball. Am Sonntag mache ich Hausaufgaben. Und du?
- ● Ich habe am Samstag auch Fußball. Es beginnt um neun Uhr.
- ■ Wann ist es zu Ende?
- ● Um elf Uhr. Nach elf Uhr habe ich Zeit.
- ■ Cool! Dann chatten wir, ja?

b Schreib die Sätze mit Verben aus 6a in die Tabelle. Denk dran: Das Verb steht auf Position 2.

	Verb auf Position 2	
Was	machst	du am Wochenende?
Samstags		

c Schreib jeweils zwei Aussagesätze mit den Wörtern. Schreib sie in eine Tabelle wie in 6b in dein Heft.

1. heute • beginnt • die AG • um 15 Uhr
2. ich • dienstags • Klavier • spiele
3. haben • am Montag • zwei Stunden Musik • wir
4. Hannah und ich • am Wochenende • chatten
5. Mittagspause • haben • immer von 12 Uhr bis 14 Uhr • wir

	Verb	
Heute	beginnt	…
Die AG	beginnt	heute …

7 Phonetik: Lieblingsfächer

65 **a Hör zu und markier den Wortakzent. Ist er lang oder kurz?**

Englisch   Französisch   Geschichte   Biologie   Informatik   Politik

das Lieblingsfach   der Unterricht   die Hausaufgaben   die Freizeit

65 **b Hör die Wörter noch einmal und sprich nach.**

8 Eine Mail von Lilly

a Was schreibt Lilly Mara? Lies die Mail und ergänz die Lücken.

Unbekannt – Nachricht

Senden | An... Mara123@beispiel.de
Betreff: Schüleraustausch

Hallo Mara,

________ geht's dir? Ich habe von M________ bis F________ Schule.

Meine L________ sind Mathe und Musik. Und deine? Am Wo________

________ ich Basketball. Machst du auch Sp________? Viele G________

Lilly

b Lies die Mail in 8a noch einmal. Über welche Themen schreibt Lilly? Kreuz an.

- [x] Schule
- [ ] Familie
- [ ] Freunde
- [ ] die Basketball-AG
- [ ] Freizeit

P **c Schreib Lilly eine Antwortmail. Beantworte ihre Fragen und stell eine neue Frage.**

9 Lerche, Taube oder Eule?

Wann bist du topfit? Wann bist du müde? Schreib einen Ich-Text. Morgens bin ich ...

10 Phonetik: aktiv oder müde?

66 **Vokaldiktat: Hör zu und ergänz *i* oder *ü*.**

Am D_i_enstag kl__ngelt der Wecker f__r Sab__ne. W__e v__el Uhr __st es? Es __st f__nf vor s__eben.

S__e __st m__de. Es __st so fr__h! Wann __st s__e akt__v? __n der Nacht.

Das ist wichtig für mich

Was ist dein Lieblingswort?

____

____

Was hat dich überrascht?

____

____

Was war besonders schwierig?

____

____

Endlich Wochenende?!

a **Sieh die Fotos an. Was glaubst du: Ist es Montag, Mittwoch oder Wochenende?**

67 **b** **Meine Woche: Hör das Lied. Welche Aktivitäten hörst du?**

- ☐ Hausaufgaben machen
- ☐ Fußball spielen
- ☐ Oma und Opa besuchen
- ☐ chillen
- ☐ Freunde treffen
- ☐ Klavier spielen
- ☐ Musik hören

c **Wie ist deine Woche? Schreib auch ein Lied.**

d **Wochenende! Find die vier Aktivitäten in der Buchstabensuppe!**

S	A	C	Z	B	Ü	S	K
U	C	H	I	L	L	E	N
R	K	A	D	O	F	I	O
F	E	T	U	G	I	T	L
E	N	T	O	G	E	N	E
N	I	E	F	E	N	Ä	N
B	O	N	E	N	Ö	G	E
S	P	I	E	L	E	N	T

e **Immer Wochenende?! Lies den Text und kreuz an, richtig oder falsch.**

Die Faulpelzwoche
Am Montag schlafe ich bis 13:00 Uhr.
Am Dienstag gehe ich nicht aus dem Haus.
Am Mittwoch mache ich eine Pause.
Am Donnerstag und am Freitag mache ich mal ... gar nichts!
Am Samstag habe ich Zeit – da bleibe ich zu Hause.
Und am Sonntag? Am Sonntag chille ich richtig!

1. Der Faulpelz ist aktiv.
   ☐ richtig ☐ falsch
2. Am Dienstag und Samstag bleibt der Faulpelz zu Hause.
   ☐ richtig ☐ falsch
3. Am Donnerstag, Freitag und Sonntag chillt der Faulpelz.
   ☐ richtig ☐ falsch

f **Gibt es das Wort „Faulpelz" auch in deiner Sprache? Wie heißt es?**

g **Schreib die Sätze der Faulpelzwoche in eine aktive Woche um. Schreib ins Heft.**

Mach die Übungen. Kontrollier deine Ergebnisse auf Seite 85 und notier die Punkte.

1 Nach der Uhrzeit fragen und Uhrzeiten nennen

Ergänz den Dialog.

1. ● ______________________ Uhr ist es?
2. ■ Es ist ______________________ zwei, oder? 13:50
3. ▲ Nein, es ist schon ______________________ zwei. 14:15
4. ★ Also auf meiner Uhr ist es ______________________ drei. 14:30

___/ 4 Punkte

2 Über meinen Schulalltag berichten

Ergänz die Fragen.

1. ● ______________________ deine Schule?
   ■ Um acht Uhr.
2. ● Wie viele Stunden ______________________ pro Woche?
   ■ 30.
3. ● ______________________ hast du Freizeit?
   ■ Am Wochenende.
4. ● ______________________ ist eine Schulstunde?
   ■ 45 Minuten.

___/ 8 Punkte

3 Sagen, wann ich etwas gern mache

Morgens, mittags, abends oder nachts: Was machst du gern wann? Schreib vier Sätze.

____

____

____

____

___/ 8 Punkte

4 Grammatik: Ergänz die Präpositionen *um, am, von, gegen, bis.*

1. Ich habe ______________________ Montag Theater-AG.
2. Die Theater-AG ist ______________________ 12:30 Uhr ______________________ 14:30 Uhr.
3. ______________________ 14:30 Uhr ist die AG zu Ende.
4. ______________________ 15:00 Uhr bin ich zu Hause.

___/ 5 Punkte

Punkte insgesamt: ________ /25

Seite 44

der Wecker, - ____________________
müde ____________________
Ich bin müde.
Wie viel Uhr ist es? ____________________
beginnen ____________________
um ____________________
Um wie viel Uhr beginnt die Schule?
noch ____________________
die Zeit, -en ____________________
Ich habe noch Zeit.
spät / zu spät ____________________
Du bist (viel) zu spät.
Entschuldigung. ____________________
die Hausaufgabe, -n ____________________
Hausaufgaben machen ____________________
schon ____________________

Seite 45

Es ist ...

12:00 zwölf Uhr.
11:45 Viertel vor zwölf / elf Uhr 45.
11:30 halb zwölf.
12:15 Viertel nach zwölf / zwölf Uhr 15.

die Pause, -n ____________________
telefonieren ____________________

Seite 46

die Woche, -n ____________________

der Montag, -e
der Dienstag, -e
der Mittwoch, -e
der Donnerstag, -e
der Freitag, -e
der Samstag, -e
der Sonntag, -e
das Wochenende, -n
montags, dienstags, mittwochs, donnerstags, freitags, samstags, sonntags

bloggen ____________________
chillen ____________________
chatten ____________________
surfen ____________________
Nach der Schule surfe ich im Internet.
die Freizeit *(nur Sg.)* ____________________
Freizeit haben ____________________
frei / frei haben ____________________
Am Wochenende haben wir frei.

71 ## Seite 47

die Leute *(nur Pl.)* ____________________
am ____________________
Hast du am Wochenende Zeit?
wann ____________________
wie viel / wie viele ____________________
die Stunde, -n ____________________
der Unterricht *(nur Sg.)* ____________________
lange ____________________
Wie lange hast du heute Schule?
der Tag, -e ____________________
von ... bis ... ____________________
die Minute, -n ____________________

72 ## Seite 48 und 49

morgen ____________________
das Ende, -n ____________________
Wann ist die AG zu Ende?
gehen ____________________
der Stundenplan, -ä-e ____________________
Sozialkunde ____________________
bleiben ____________________
zu Hause ____________________
zur Schule gehen ____________________
das Lieblingsfach, -ä-er ____________________
der Gruß, -ü-e ____________________
Viele Grüße!

73 ## Seite 50 und 51

früh ____________________
der Morgen *(nur Sg.)* ____________________
der Vormittag, -e ____________________
der Mittag, -e ____________________
der Nachmittag, -e ____________________
der Abend, -e ____________________
die Nacht, -ä-e ____________________

am Morgen / morgens
am Vormittag / vormittags
am Mittag / mittags
am Nachmittag / nachmittags
am Abend / abends
in der Nacht / nachts

74 ## Einige Schulfächer

Lebenskunde
Französisch
Informatik
Physik
Chemie
Religion

Tipp
Sortier neue Wörter nach Themen!

5 Was machst du gern?

1 Aktivitäten

a **Wie heißen die Aktivitäten? Schreib die Wörter zu den Fotos.**

1. Tonis Hobby:

Fahrrad fahren

______

______

2. Eilifs Hobby:

______

______

______

3. Finns Hobby:

______

______

______

75 **b** **Hör zu und kreuz in 1a an: Welche Hobbys haben Toni, Eilif und Finn?**

c **Was passt? Schreib die Nomen zu den Verben.**

Schlagzeug · Musik · Basketball · Gitarre · Skateboard · ~~Fußball~~ · Fahrrad · Sport · Computerspiele · Partys

Fußball, ______ spielen

______ fahren

______ machen

76 **d** **Markier in 1a die Wortakzente. Hör zur Kontrolle und sprich nach.**

Fahrrad fahren

2 Aktivitäten in der Freizeit

77 **Zahlen wiederholen: Jugendliche in Österreich. Hör zu und notier die Prozentzahlen.**

Freunde treffen 72 %

Familienaktivitäten ______

Sport machen ______

Tiere und Haustiere ______

Musik machen ______

3 Sprachenlernen im Tandem

a Wiederholung: regelmäßige Verben, *sein, haben* und *mögen*. Ergänz die Verben.

- Lina, wie heißt (*heißen*) dein Tandempartner?
- Mein Tandempartner ______ (*heißen*) Pablo. Er ______ (*sein*) zwölf und ______ (*kommen*) aus Toluca in Mexiko.
- Was ______ (*machen*) er gern? Was ______ (*sein*) seine Hobbys?
- Er ______ (*mögen*) Sport. Seine Hobbys ______ (*sein*) Fußball und Akrobatik. Ich ______ (*machen*) nicht so gern Sport. Ich ______ (*hören*) gern Musik und ich ______ (*spielen*) Schlagzeug.

b Lies noch einmal den Text in 3a. Was ist richtig? Kreuz an.

1. [X] Pablo und Lina sind Tandempartner.
2. [ ] Pablo ist 13 Jahre alt.
3. [ ] Er kommt aus Mexiko.
4. [ ] Er spielt Fußball und Schlagzeug.
5. [ ] Lina mag Sport.
6. [ ] Ihr Hobby ist Musik.

4 Verben mit Vokalwechsel

a Ergänz die Tabelle und markier den Vokalwechsel.

	fahren	sehen	lesen	sprechen	treffen
ich					
du	fährst				
er/es/sie			liest		
wir					
ihr					
sie/Sie					

b Ergänz die Dialoge mit den Verben aus 4a.

1. ● Sieht Doreen gern Filme?
   ■ Nein, sie ______ lieber ihre Freunde.
2. ● ______ ihr gern Comics?
   ■ Ja, wir ______ gern Comics. Und du, ______ du auch gern?
   ● Nein, ich ______ nicht gern. Ich ______ lieber Filme.
3. ● Eva ______ Skateboard. ______ du auch Skateboard?
   ■ Nein, ich ______ lieber Fahrrad.
4. ● Mein Freund ______ fünf Sprachen. Ich ______ nur zwei.

78 **c Phonetik: *a* oder *ä*? Hör zu und ergänz die Buchstaben. Hör dann noch einmal und sprich nach.**

1. ich f_a_hre
2. er f___hrt
3. du f___hrst
4. ihr f___hrt
5. das F___ch
6. die F___cher
7. der T___g
8. das M___dchen
9. zu sp___t

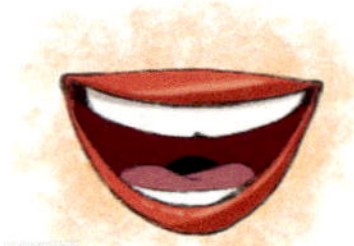
a

ä

79 **d Phonetik: *e, i* oder *ie*? Hör zu und ergänz die Buchstaben. Hör dann noch einmal und sprich nach.**

1. ich l_e_se
2. er l___st
3. du tr___ffst
4. ihr tr___fft
5. s___ngen
6. l___ben
7. schn___ll
8. sp___len
9. schw___mmen

e

i/ie

5 Was machst du am Wochenende?

80 **a Ordne den Dialog. Hör zur Kontrolle.**

- ● [1] Hallo, Thomas.
- ● [ ] Ja, gern, wann fängt der Film an?
- ● [ ] Super. Bis Samstag! Tschüs.
- ● [ ] Ich spiele Fußball. Es fängt um 15 Uhr an.
- ■ [ ] Hi, Sabrina, was machst du am Samstag?
- ■ [ ] Immer Fußball! Ich gehe abends ins Kino, kommst du mit?
- ■ [ ] Tschüs.
- ■ [ ] Um sechs. Ich hole dich ab, okay?

b Schreib die Sätze in zwei Varianten in dein Heft.

1. Lea – um sechs – aufstehen
2. die Schule – anfangen – um acht Uhr
3. Eva – heute Abend – fernsehen
4. ich – heute Abend – mitkommen
5. ich – dich – abholen – um halb sieben
6. Thomas – gern – ins Kino gehen

	Verb		Ende
Lea	steht	um 6	auf.
Um 6	steht	Lea	auf.
Die ...			

6 Phonetik: Betonung

81 **a Welches Wort ist betont? Hör zu und markier.**

Ich treffe meine Freunde.

Ich treffe heute meine Freunde.

Ich treffe heute Nachmittag meine Freunde.

Ich treffe heute Nachmittag im Internet meine Freunde.

Ich stehe auf.

Ich stehe morgens auf.

Ich stehe morgens immer auf.

Ich stehe morgens immer zu spät auf.

82 b **Hör noch einmal und sprich nach.**

83 c **Welches Wort fehlt? Hör die Sätze und schreib auf.**

auf ~~mit~~ fern ab an

1. mit 2. ______ 3. ______ 4. ______ 5. ______

7 Verabredungen

84 a **Hör die Fragen und ergänz die Antworten.**

1. Ja, gern, ich hole dich ab.
2. Ja, ______. Ich ______ ______ nicht.
3. Nein, ich habe keine ______. Ich schwimme nicht ______.

85 b **Hör zu, wähl eine passende Formulierung aus und antworte in den Pausen.**

8 Wann hast du Zeit?

P **Lies den Text und die Aufgaben. Richtig oder falsch? Kreuz an.**

Ich heiße Felix. Ich bin 13 Jahre alt und komme aus München. Aber jetzt wohne ich in Frankfurt. Ich habe viele Hobbys, aber Sport mag ich nicht so. Basketball, Reiten und Schwimmen mag ich nicht. Meine Hobbys sind Tanzen, Musik hören und Gitarre spielen. Am Wochenende treffe ich meine Freunde und wir spielen zusammen. Wir spielen auch in der Schülerband. Mein Freund spielt Schlagzeug. Manchmal machen wir auch Videos und posten sie im Internet. Wir sehen auch zusammen Serien. Wir mögen Krimis und Action-Filme.
Ich lese auch viel. Ich lese Romane und Bücher über Tiere in Afrika, Asien und Amerika. Das ist interessant.

	Richtig	Falsch
1. Felix wohnt in München.	☐	☒
2. Felix macht nicht gern Sport.	☐	☐
3. Er macht mit seinen Freunden Musik.	☐	☐
4. Er sieht gern Videos im Internet.	☐	☐
5. Er liest Krimis.	☐	☐

9 Eine Nachricht an die Tandempartnerin schreiben

86 **Diktat: Hör zu und schreib mit.**

Hallo Eva,

______

______

______

______

10 Was kannst du gut?

Ergänz die Tabelle mit den Formen von *können*. Ergänz dann die Dialoge.

1. ● ___Kannst___ du Chinesisch schreiben?
   ■ Nein, ich ______ nicht Chinesisch schreiben.
2. ● ______ ihr Gitarre spielen?
   ▲ Ja, wir ______ gut Gitarre spielen.
3. ● ______ Thomas und Tanja gut kochen?
   ★ Also Thomas ______ super kochen.
4. ● Frau Kleyer, ______ Sie Skateboard fahren?
   ♦ Ich? Nein. ______ du Skateboard fahren?

	können
ich	kann
du	______
er/es/sie	______
wir	______
ihr	______
sie/Sie	______

11 Ratespiel

Wie gut kannst du klettern? Ordne die Ausdrücke.

gut • ein bisschen • ~~super~~ • ganz gut • nicht gut • sehr gut

super >

12 Kann ich mitspielen?

87 a **Diktat: Hör zu und schreib den Dialog in dein Heft.**

b **Um Erlaubnis fragen: Schreib Fragen und Antworten in dein Heft.**

ins Kino mitkommen • den Kuli haben • dein Buch lesen • fernsehen • morgen schwimmen gehen • eure Telefonnummern haben

– Kann ich ...?
– Na klar.

c **Schreib vier bis fünf Sätze über deinen Freund oder deine Freundin. Was kann er/sie gut? Was nicht?**

Meine Freundin heißt Marta. Sie kann ...

Das ist wichtig für mich

Was ist dein Lieblingswort?

______

______

Was hat dich überrascht?

______

______

Was war besonders schwierig?

______

______

Wer kennt diese Hobbys?

Fußball, Computerspiele, Shoppen – diese Hobbys kennen alle. Aber es gibt noch viele andere interessante Hobbys.

Layla geht in Klasse 6. Sie geht zur Schule und sie macht natürlich Hausaufgaben. Aber ganz wichtig ist für sie ihr Hobby: Jonglieren. Layla kann sehr gut jonglieren. Sie kann mit vier Bällen jonglieren. Jetzt möchte sie Jonglieren mit fünf Bällen lernen. Aber das braucht viel Zeit. Sie jongliert immer: am Wochenende, abends nach der Schule, in der Schule in der Pause, im Park. Sie findet Jonglieren cool.

Dennis mag Schmetterlinge. Er sammelt Fotos von Schmetterlingen. Seine Mama hat eine Kamera und er kann die Kamera benutzen. Die Fotos vom Smartphone sind nicht gut genug. Er macht sehr oft Fotos, am Wochenende und manchmal auch in der Pause. Er sammelt die Fotos in einem Buch. Er hat schon mehr als 100 Schmetterlingfotos. Und er kennt alle Namen!

Kevin ist in Klasse 7. Er liebt Mathematik. Er findet Zahlen toll. Er weiß schon sehr viel über Mathematik. Zum Beispiel kennt er die Zahl π. Man sagt: Pi. Pi hat viele Zahlen: 3,1415926 … und immer weiter und weiter. Kevin möchte diese Zahlen auswendig lernen. Er kann schon 54 Zahlen nach dem Komma:
3,141592653589793238462643383279502884197169399375105820

Berenike liest gern Romane. Sie mag alle Bücher, aber ihre Lieblingsbücher sind Krimis. Aber das ist nicht ihr Hobby. Ihr Hobby ist ganz besonders: Sie schreibt Bücher. Sie schreibt einen Roman, einen Schulroman mit Lehrern und Lehrerinnen, mit Schülern und Schülerinnen und auch mit einem Tier. Welches Tier? Das sagt sie nicht. Ihr könnt ihren Roman lesen. Vielleicht ist sie später einmal ganz berühmt, so wie J. K. Rowling oder Cornelia Funke?

a Lies den Zeitungsartikel. Welches Hobby ist für dich interessant? Welches nicht?

Das ist interessant: ______________________________

Das ist uninteressant: ______________________________

b Kennst du noch ein anderes seltenes Hobby? Übersetz es mit dem Wörterbuch.

____

Mach die Übungen. Kontrollier deine Ergebnisse auf Seite 85 und notier die Punkte.

1 Über Hobbys und Aktivitäten sprechen und sagen, was ich gut kann

Sagen, was man gern macht: Was macht Eva gern? Was macht sie nicht gern? Schreib vier Sätze.

Eva ________________________________

____

____

😀	☹
1. fernsehen	3. Hausaufgaben machen
2. Fotos posten	4. früh aufstehen

___/8 Punkte

2 Mich mit Freunden verabreden

Was passt zusammen? Ordne zu.

1. Ich gehe heute ins Kino, kommst du mit?
2. Was machst du am Wochenende?
3. Gehst du gern ins Kino?
4. Ich spiele gern Volleyball. Und du?
5. Hast du am Dienstag Zeit?
6. Kannst du mich abholen?

a) Nein, aber ich schwimme gern.
b) Nein, ich habe heute keine Zeit.
c) Ich auch.
d) Ja, aber nur am Nachmittag.
e) Na klar. Ich komme um sechs.
f) Keine Ahnung. Und du?

___/6 Punkte

3 Um Erlaubnis fragen

Schreib zu jedem Bild eine Frage.

1

____

2

____

___/4 Punkte

4 Grammatik: Ergänz die Verben.

Von Montag bis Freitag ____________ Lia sehr früh ____________ *(aufstehen)*. Die Schule ____________ um 7:45 Uhr ____________ *(anfangen)*. Sie ____________ in der Schule ____________ *(ihre Freunde treffen)*. Lia ____________ *(sprechen)* drei Sprachen: Deutsch, Russisch und Englisch. Am Wochenende ____________ Lia gern ____________ *(Serien sehen)* oder ____________ *(lesen)* Romane. Manchmal ____________ sie und ihre Freunde ____________ *(shoppen gehen)*. Lia ____________ auch sehr gut ____________ *(kochen können)*.

___/7 Punkte

Punkte insgesamt: _____/25

8 Seite 54

treffen, trifft
Nachmittags trifft Anna ihre Freunde.
das Foto, -s
posten
das Skateboard, -s
fahren, fährt
hören
schwimmen
Am Nachmittag gehe ich schwimmen.
reiten
das Fahrrad, -ä-er
shoppen gehen
Am Wochenende gehe ich shoppen.
das Schlagzeug, -e
basteln
zeichnen

9 Seite 55

gern machen
Was machst du gern? – Ich chatte gern.
tanzen
sagen
Wie sagt man ... auf Deutsch?
der Jugendliche, -n
die Jugendliche, -n
das Mädchen, -
der Junge, -n
besuchen

0 Seite 56

die Nachricht, -en
der Spaß *(nur Sg.)*
Tanzen macht Spaß.
das Hobby, -s
viel, -e
Ich habe viele Hobbys und mache viel Sport.
der Film, -e
das Internet *(nur Sg.)*
lesen, liest
der Blog, -s
sehen, sieht
die Serie, -n
sprechen, spricht
die Sprache, -n
der Park, -s
das Alter *(nur Sg.)*

91 Seite 57 und 58

der Krimi, -s
der Roman, -e
aufstehen
Ich stehe gern spät auf.
das Kino, -s
mitkommen
Wir gehen ins Kino. Kommst du mit?
Nein, das geht nicht.
fernsehen, sieht fern
Abends sehe ich fern.
recht haben
Du hast recht.
Zeit haben
Am Sonntag habe ich (keine) Zeit.
schade
vielleicht
abholen
Ich hole dich um fünf Uhr ab.
anfangen, fängt an
Wann fängt der Film an?

92 Seite 59

einkaufen
Was kaufst du ein?
mitspielen
Spielst du auch mit?
mitmachen
Macht ihr mit?
Ja, gern.
Prima.
die Lust *(nur Sg.)*
Ich habe keine Lust.

93 Seite 60 und 61

können, kann
gut
kochen
ein bisschen
klar
Kommst du mit? – Na klar!
Das macht nichts.

Tipp

Lern neue Wörter mit Assoziationen. Verbind Aktivitäten mit Personen: *Mia kann gut tanzen. Ole fährt gut Skateboard.*

6 Ist das deine Familie?

1 Meine Familie

a Ergänz die Buchstaben.

die E__t__rn	die G__s__ __w__ __ __ __ __r	die G__oß__ l__ __ __ __ __
die M *u* tt__r	die S__hwe__ter	die __m__
der V__te__	der Br__der	der O__a

b Phonetik: Die Endung *-er* spricht man wie ein kurzes *a*. Such die Endungen, streich sie durch und schreib ein *a* darüber wie im Beispiel.

~~die Mutter~~ • der Vater • der Computer • die Wörter • die Bücher

die Mutt~~er~~ a ________________

____

94 **c Phonetik: Hör die Wörter in 1b zur Kontrolle und sprich nach.**

2 Ist das deine Familie?

a Ergänz die Tabelle.

	der	das	die	die (*Plural*)
ich	*mein* Bruder	______ Tier	______ Oma	______ Eltern
du	______ Bruder	*dein* Tier	______ Oma	______ Eltern

b *Mein* oder *meine*, *dein* oder *deine*? Schreib Sätze und Fragen wie im Beispiel.

mein/meine

der Bruder: *Das ist mein Bruder.*

das Haustier: ________________

die Eltern: ________________

dein/deine

die Geschwister: *Sind das deine Geschwister?*

die Oma: ________________

die Schwester: ________________

95 **c Ich und meine Familie: Ergänz die Wörter und hör zur Kontrolle.**

Eltern • dein • Kaninchen • meine • mein • wohnt • ~~heiße~~ • deine • meine • Geschwister • heißen • süß

Hallo, ich *heiße* Maya. ________ Familie ist nicht sehr groß. ________ Eltern und ich wohnen in Bern. ________ Bruder Lars ist schon 18. Er ________ in Berlin. Ein ________ habe ich auch. Es ist so ________! Meine ________ und ich lieben Tiere. Wie ist ________ Familie? Hast du ________? Wie ________ sie? Magst du Bücher? Wie heißt ________ Lieblingsbuch? Liebe Grüße, Maya

3 Familien beschreiben

Wie ist deine Familie? Wähl vier Personen aus und schreib zwei bis drei Informationen zu jeder Person.

lieb süß stark groß klein schnell alt
schlau sportlich freundlich ~~lustig~~ faul cool langweilig

Meine Schwester

Meine Schwester heißt Mara. Sie ist 6 Jahre alt und sehr lustig.

Meine Mama ist ... Sie mag ...

4 Familie auf der ganzen Welt

a Olis Familie: Lies die Informationen und schreib die Namen in den Stammbaum.

Oli hat eine Schwester. Seine Schwester heißt Lina. Olis und Linas Eltern heißen Anna und Michael.

Olis Mutter hat eine Schwester. Sie heißt Tanja und ist Olis Tante. Sein Vater hat einen Bruder: Mark. Mark ist Olis Onkel.

Oli hat auch einen Cousin und eine Cousine. Seine Cousine heißt Sarah und sein Cousin heißt Leon. Sie sind die Kinder von Onkel Mark.

Annas und Tanjas Eltern heißen Maria und Otto. Johannes und Magdalena sind die Eltern von Michael und Mark. Sie sind Olis Großeltern.

b **Welches Wort fehlt in den Sätzen? Kreuz an. Der Stammbaum bei 4a hilft.**

	sein	seine	ihr	ihre
1. Oli: ... Schwester heißt Lina.		X		
2. Anna: ... Vater heißt Otto.				
3. Opa Johannes: Michael ist ... Kind.				
4. Oma Magdalene: Michael ist ... Kind.				
5. Anna: ... Eltern heißen Johannes und Magdalena.				
6. Mark: ... Kinder heißen Sarah und Leon.				
7. Leon: Oli ist ... Cousin.				
8. Oli und Lina: Johannes und Otto sind ... Opas.				

5 Ich und meine ...

a **Ergänz die Possessivartikel.**

ich: mein, meine

du: ____________

er: ____________

es: ____________

sie: ____________

wir: ____________

ihr: ____________

sie, Sie: ____________

96 **b** **Phonetik: Endungen hören. Welche Wörter hörst du? Hör zu und kreuz an.**

1. [X] sein Onkel / [ ] seine Onkel *(Pl.)*
2. [ ] deine Cousine / [ ] dein Cousin
3. [ ] mein Tier / [ ] meine Tiere
4. [ ] ihr Freund / [ ] ihre Freunde

97 **c** **Hör zu und sprich beide Wörter aus 5b nach.**

sein Onkel – seine Onkel

98 **6** **Ich und meine, du und deine**

Ergänz die Possessivartikel. Hör zur Kontrolle.

- Oli, das ist ___dein___ *(du)* Buch, oder?
- Nein, das ist nicht ____________ *(ich)* Buch. Ich glaube das ist Leons Buch.
- Nein, das ist nicht ____________ *(er)* Buch. ____________ *(er)* Bücher sind hier.
- Dann ist es Sarahs Buch.

● Nein, es ist auch nicht ______________ (*sie*) Buch. ______________ (*sie*) Bücher sind hier.

■ Lina, ist das ______________ (*du*) Buch?

▲ Nein. Ich frage Oma und Opa. Ist das ______________ (*ihr*) Buch, Oma und Opa?

★ Ja, das ist ______________ (*wir*) Buch. Danke!

7 Familienfotos

a Lies den Text. Welches Foto passt, A oder B? Kreuz an.

A

B

Wir essen gern zusammen. Auf dem Foto bin ich fünf Jahre alt. In der Mitte sind Opa, Mama und ich. Links in der Mitte bin ich. Rechts in der Mitte ist Opa. Ganz rechts ist meine Oma. Und ganz links ist mein Papa. Wir haben viel Spaß zusammen.

P **b Formulier zu jeder Person auf den Fotos in 7a eine unterschiedliche Frage und eine Antwort. Die Themen helfen. Schreib ins Heft.**

Wie alt ist ...?

Name Alter Wohnort Hobbys Familie Haustiere

8 Ein Standbild

99 **Wer sind die Personen? Hör zu und schreib ins Heft.**

1 – die Tante

9 Was ist denn hier los?

Was gehört wem? Ergänz die Namen. Denk an das possessive *-s*.

Vater: So ein Chaos! Lars, sind das deine Sachen?

Lars: Nein, Papa, das ist ___Tims___ (*Tim*) Gitarre und ________ (*Susi*) Ball.

Vater: Aha, und das hier? Sind das deine Bücher, Tina?

Tina: Nein, das sind ________ (*Lars*) Bücher.

Vater: Und wo ist ________ (*Alex*) Handy?

Tim: Ich glaube, es ist in ________ (*Tina*) Rucksack.

10 Berufe in der Familie

Find die Berufe in der Wortschlange und schreib sie mit Artikel in eine Tabelle in dein Heft.

Männer	Frauen
der Pilot	

PILOTARCHITEKTINSCHAUSPIELERKÖCHINSÄNGERINERZIEHERFOTOGRAFINHAUSMANN

11 Traumberufe von 15-Jährigen

100 **Welche Berufe hörst du? Schreib sie in dein Heft.**

12 Informationen erfragen und geben

101 a **Ein Interview mit der Schülerzeitung. Hör zu und ergänz die Informationen.**

Name: ___Matheos___ Alter: ________

Hobbys: ________ Beruf (Mutter): ________

Haustier: ________ Traumberuf: ________

b **Und du? Schreib einen Ich-Text mit diesen Infos in dein Heft.** Hallo, ich bin ...

Das ist wichtig für mich

Was ist dein Lieblingswort?

____

____

Was hat dich überrascht?

____

____

Was war besonders schwierig?

____

____

Familienreime

Mein Papa heißt Dennis.
Er mag Judo und Tennis.
Meine Mama heißt Tess.
Sie mag Hip Hop und ______.

Mein Bruder heißt ______.
Er ist immer so faul!
Meine Schwester heißt Lola.
Sie mag Pizza und ______.

Mein Opa heißt Jochen.
Er kann essen, aber nicht ______.
Meine Oma heißt Lena.
Sie wohnt jetzt in ______.

Meine Hündin heißt Betty.
Sie frisst gern ______.
Meine Katze heißt Exot.
Sie ist ______.

a **Was reimt sich? Find die passenden Wörter.**

Jena   Jazz   Spaghetti   feuerrot   kochen   Cola   Paul   ~~Tennis~~

102 **b** **Hör die Reime und sprich nach. Achte auf den Rhythmus.**

c **Sieh die Fotos an. Wo verstecken sich die Wörter im Text? Markier sie und verbind das Wort mit dem passenden Foto.**

d **Schreib das Gedicht weiter.**

Timo – Kino   Mick – schick   Rolf – Golf   Otto – Lotto   …

Mach die Übungen. Kontrollier deine Ergebnisse auf Seite 86 und notier die Punkte.

1 Über Familien sprechen

103 **Hör zu und ergänz.**

Wer?	Wie?	Hobby
______	______	______
______	______	______
______	______	______

___ / 9 Punkte

2 Ein Familienfoto beschreiben

Sofias Familie: Vergleich den Text mit dem Bild. Drei Sätze sind falsch. Korrigier sie.

Das ist meine Familie.
Vorne links ist meine Mutter.
In der Mitte ist mein Opa.
Rechts ist unsere Katze.
Hinten stehen meine Brüder, mein Vater und ich.
Mein Vater steht vorne links.

____

____

___ / 6 Punkte

3 Über Berufe sprechen

Schreib die passende maskuline oder feminine Form zu den Berufen.

1. der Hausmann: ______
2. die Polizistin: ______
3. der Ingenieur: ______
4. der Koch: ______
5. die Tierärztin: ______

___ / 5 Punkte

4 Grammatik: Ergänz die Sätze mit den Possessivartikeln (*mein/e, dein/e* etc.).

1. Das sind m______ Geschwister: Sara und Timo.
2. Wir haben vier Haustiere. Das hier ist u______ Katze.
3. Sara hat zwei Kaninchen. Hier, das sind i______ Kaninchen.
4. Timo mag Hunde. Das hier ist Fox, s______ Hund.
5. Und ihr? Was sind e______ Lieblingstiere?

___ / 5 Punkte

Punkte insgesamt: ___ /25

4 Seite 64

die Mutter, -ü- ______
der Vater, -ä- ______
der Bruder, -ü- ______
die Schwester, -n ______
die Eltern *(nur Pl.)* ______
die Geschwister *(Pl.)* ______
die Großeltern *(nur Pl.)* ______

5 Seite 65

der Opa, -s ______
die Oma, -s ______
die Familie, -n ______
aussehen, sieht aus ______
Dein Kaninchen sieht süß aus.
freundlich ______
sportlich ______
cool ______
lustig ______
schlau ______
faul ______

6 Seite 66

der Cousin, -s ______
die Cousine, -n ______
der Onkel, - ______
die Tante, -n ______
die Welt, -en ______
leben ______
das Kind, -er ______
reisen ______
der Rentner, - ______
die Rentnerin, -nen ______

7 Seite 67

gleich ______
das Haus, -ä-er ______
sein/seine ______
ihr/ihre ______
unser/unsere ______
euer/eure ______
ihr/ihre ______
Ihr/Ihre ______

8 Seite 68 und 69

der Garten, -ä- ______
arbeiten ______
wandern ______
das Spiel, -e ______
auf dem Foto ______
links ______
die Mitte *(nur Sg.)* ______
in der Mitte ______
stehen ______
In der Mitte steht mein Vater.
hinten ______
rechts ______
vorne ______
Was ist denn hier los? ______
wissen, weiß ______
Wo ist mein Handy? – Ich weiß es nicht.

109 Seite 70

der Koch, -ö-e	die Köchin, -nen
der Schauspieler, -	die Schauspielerin, -nen
der Sänger, -	die Sängerin, -nen
der Fotograf, -en	die Fotografin, -nen
der Pilot, -en	die Pilotin, -nen
der Hausmann, -ä-er	die Hausfrau, -en
der Architekt, -en	die Architektin, -nen
der Erzieher, -	die Erzieherin, -nen
der Ingenieur, -e	die Ingenieurin, -nen

der Mann, -ä-er ______
die Frau, -en ______

110 Seite 71

der Lehrer, -	die Lehrerin, -nen
der Arzt, Ä-e	die Ärztin, -nen
der Polizist, -en	die Polizistin, -nen
der Informatiker, -	die Informatikerin, -nen
der Tierarzt, -ä-e	die Tierärztin, -nen
der Sportler, -	die Sportlerin, -nen
der Automechaniker, -	die Automechanikerin, -nen

der Beruf, -e ______
Was sind deine Eltern von Beruf?
der Traumberuf, -e ______
singen ______

Tipp

Lern die Possessivartikel zusammen mit den Personalpronomen und einem Nomen: *ich und mein Hund, du und dein Hund, er und sein Hund, …*

7 Was kostet das?

1 Am Kiosk

a Was ist das? Schreib das Wort mit Artikel im Singular und Plural zum Foto.

der Schokoriegel ____________

die Schokoriegel ____________

____

____

____

____

____

____

____

____

____

____

111 **b Wie oft kauft Lina die Dinge? Hör zu und kreuz an.**

	Kekse	Schokoriegel	Gummibärchen	Kaugummis	Chips
nie	☐	☐	☐	☐	☐
manchmal	☐	☐	☐	☐	☐
oft	☐	☐	☐	☐	☐
sehr oft	X	☐	☐	☐	☐

2 Einkaufen

112 **a Am Kiosk: Ergänz den Dialog. Hör zur Kontrolle.**

tschüs • ein • haben • kostet • ~~möchte~~ • ist • Cent • Euro • bitte • und • macht

- Guten Tag, ich _möchte_ bitte ein Eis. Wie viel ____________ das?
- 80 ____________.
- Und ____________ Sie die „Bravo“?
- Die Zeitschrift? Ja, die ____________ heute ganz neu.
- Dann auch eine „Bravo“, ____________. Was ____________ das zusammen?
- ____________ Eis ____________ die Zeitschrift: Das macht drei ____________ 60.
- Hier, bitte.
- Danke, auf Wiedersehen.
- ____________.

b Ergänz mit den Formen von *nehmen*.

1. Ich ___nehme___ die Kaugummis. Was ______________ du?
2. – Wir ______________ die Kekse. ______________ ihr auch etwas?
   – Ja, wir ______________ zwei Schokoriegel.
3. Lina und Thomas ______________ keine Chips. Thomas ______________ ein Eis und Lina ______________ Gummibärchen.

	nehmen
ich	nehme
du	nimmst
er/es/sie	nimmt
wir	nehmen
ihr	nehmt
sie/Sie	nehmen

3 Phonetik: Preise sprechen

113 **Was kosten die Dinge? Hör zu und schreib die Preise.**

A 
B 
C 
D 
E 

A: 1,30 Euro
B: ______________
C: ______________
D: ______________
E: ______________

4 Ich hätte gern ...

114 **a Ergänz den Dialog. Hör zur Kontrolle.**

Gut, dann die. • Äh, das ist falsch, glaube ich. • Die hier, bitte. • Fünf Euro. • ~~Haben Sie Gummibärchen?~~ • Ja, eine Zeitung bitte.

- ● Haben Sie Gummibärchen?
- ■ Ja, die hier kosten 90 Cent und die 1,50 €.
- ● ______________
- ■ Noch etwas?
- ● ______________
- ■ Die „Bild-Zeitung“, die „Tageszeitung“, ...?
- ● Äh, ich weiß nicht. Die ist für meinen Vater ...
- ■ Dein Vater liest die „Tageszeitung“.
- ● ______________
- ■ Gummibärchen und die „Tageszeitung“. Das macht 3,10 €, bitte.
- ● ______________
- ■ Und 2,90 € zurück.
- ● ______________
- ■ Wie bitte? Ach so ...

115 P **b Hör zu und kreuz an: a), b) oder c)?**

1. Mila kauft ...

a) ☐ einen Schokoriegel und Gummibärchen.

b) ☐ Gummibärchen und eine Zeitschrift.

c) ☐ einen Schokoriegel und eine Zeitschrift.

2. Das kostet zusammen ...

a) ☐ 10 Euro.   b) ☐ 4,50 Euro.   c) ☐ 5,50 Euro.

5 Den da, das da oder die da

Ergänz die Dialoge mit *der*, *das* oder *die*.

- ● Was kostet ein Kuli?
- ■ _Der_ da kostet 80 Cent und ______ hier kostet 1,20 Euro.

- ● Möchtest du ______ Postkarte hier oder ______ da?
- ■ Ich nehme die zwei Postkarten hier.

- ● Welches Heft möchtest du?
- ■ Ich nehme ______ da mit den Linien.

- ● Haben Sie Kaugummis?
- ■ Ja, ______ da kosten 35 Cent und ______ hier kosten 45.

6 Phonetik: *ei, au, eu* und *äu*

116

Hör zu und ergänz *ei*, *au*, *eu* oder *äu*.

Das ist L_au_ra. Sie ist n____ in der Klasse. Sie kommt ____s Br____nschw____g. Jetzt wohnt sie hier und ist m____ne Fr____ndin. Ihre Mutter ist Verk____ferin. Laura hat zw____ H____stiere: ____ne M____s und einen Hamster. Der Hamster ist sehr kl____n und kommt ____s ____stralien.

7 Einkaufen im Klassenzimmer

a Wer sagt was? Schreib auf: V (Verkäufer/Verkäuferin), K (Kunde/Kundin).

1. _K_ Was kostet der/das/die ...?
2. ______ Das ist nicht so teuer.
3. ______ Der/Das/Die ... kostet 50 Cent.
4. ______ Haben Sie auch Postkarten von Berlin?
5. ______ Ich hätte gern einen/ein/eine ...
6. _K/V_ Danke. Tschüs / Auf Wiedersehen.
7. ______ Tut mir leid, das habe ich leider nicht.
8. ______ Der/Das/Die ist aber teuer!
9. ______ Was möchten Sie?
10. ______ Was möchtest du?
11. ______ Dann nehme ich den/das/die hier.
12. ______ Das macht zusammen ... Euro.

b Schreib einen Einkaufsdialog. Die Ausdrücke in 7a helfen.

V: Hallo. Was möchtest du?

K: Hallo, haben Sie ...

8 Wünsche

Ich möchte ...: Ergänz die Verbformen in der Tabelle und dann die Sätze.

1. Ich ______________________ ein Pferdebuch.
2. ______________________ du auch so gern einen Hund haben?
3. Noah ______________________ ein Tablet kaufen.
4. Hannah und ich ______________________ ein Fahrrad.
5. ______________________ ihr Gummibärchen?
6. Meine Freunde ______________________ am Wochenende immer Computerspiele spielen.

	möchten
ich	möchte
du	________
er/es/sie	________
wir	________
ihr	________
sie/Sie	________

9 Phonetik: *ö*

117 **a Hör zu und sprich nach.**

eeeee – ööööö   eeee – öööö   ee – öö

e – ö   e – ö   Sehr schön!

e

ö

118 **b Ist das *ö* lang (ö) oder kurz (ö)? Hör zu und markier.**

- Mögt ihr Vögel?
- Ja, wir mögen Vögel sehr. Vögel sind sehr schön!
- Könnt ihr klettern?
- Ja, wir können gut klettern. Wir möchten nach Österreich fahren und klettern.

119 **c Hör noch einmal und sprich nach.**

10 Meine Wunschliste

a Was möchte Hannah haben? Schreib ins Heft.

1 400-500 Euro

2 30-50 Euro

3 10-20 Euro

Hannah möchte ein ... .
Das kostet ... Euro.
Das ist teuer.

b Und du? Schreib fünf Wünsche in dein Heft wie in 10a.

Ich möchte ...

11 Jugendliche und Geld

Was sagen die Jugendlichen? Schreib die Dialoge in dein Heft. Konjugier die Verben.

Dialog 1

- Taschengeld / du / wie viel / *bekommen* / ?
- pro Monat / *bekommen* / 15 Euro / ich / .
- *bekommen* / auch Taschengeld / dein Bruder / ?
- ja / meine Geschwister / auch / *bekommen* / 15 Euro / .

Dialog 2

- Taschengeld / *bekommen* / ihr / ?
- Nein, / 5 Euro / aber / von Oma / / pro Woche / *bekommen* / wir / .

1. – Wie viel Taschengeld bekommst du?

12 Meine Ausgaben

Geld ausgeben: Schreib Sätze zu den Bildern wie im Beispiel. Nutz verschiedene Verben.

Ich gehe gern ins Kino. Ich gebe fünf Euro pro Monat für Kinokarten aus.

13 Forum Taschengeld

a **Groß oder klein? In Textnachrichten oder in Foren schreiben viele Leute alle Wörter klein. Korrigier den Text. Schreib ins Heft.**

Ich habe viel …

ich habe viel geld. ich bin 13 und bekomme 40 euro taschengeld. ich arbeite zwei stunden pro woche und bekomme so pro monat noch mal 40 €. ich gebe viel für kino und eis aus. schulsachen bezahlt meine oma.

b **Schreib einen kurzen Text für das Forum über dein Taschengeld.**

Ich bekomme pro Monat …

Das ist wichtig für mich

Was ist dein Lieblingswort?

Was hat dich überrascht?

Was war besonders schwierig?

Freizeit und Geld – das „Schmitt"-Interview

Schmitt Könnt ihr euch bitte kurz vorstellen?
Emily Ich heiße Emily, ich bin 13 Jahre alt und gehe in die Klasse 7 vom Ratsgymnasium in Münster.
Luca Luca Baum, zwölf Jahre, Friedensschule, Münster.
Zeynep Ich heiße Zeynep Tritsch. Ich bin in der Klasse von Emily. Ich bin auch 13.
Schmitt Was macht ihr in der Freizeit?
Emily Ich mag Pferde sehr gern. Ich bin viel auf einem Reiterhof. Aber ich habe kein Pferd. So viel Geld haben meine Eltern nicht. Ich arbeite auf dem Reiterhof und dann kann ich manchmal auch reiten.
Schmitt Und du, Luca?
Luca Ich mag Pferde auch, aber ich reite nicht. Ich höre viel Musik und mache viel am Computer.
Schmitt Was hörst du?
Luca Deutschen Hip Hop aber ich mag auch Rock. „Tommy" von „The Who" finde ich zum Beispiel super. Das ist eine Rock-Oper.
Schmitt Ein Rock-Opa?
Luca Nein, eine Rock-OPER.
Zeynep Ich höre auch ab und zu alte Musik. Da gibt es ganz tolle Sachen.
Schmitt Hast du noch ein Hobby?
Zeynep Ich mache auch gern was am Computer. Ich spiele Computerspiele, zum Beispiel „League of Legends" ist echt cool.

Ich treffe mich auch gern mit meinen Freundinnen und Freunden beim Spielen im Internet.
Schmitt Wie viel Taschengeld bekommt ihr?
Zeynep Ich bekomme zwölf Euro pro Woche und meine Eltern bezahlen die Flatrate für das Handy.
Emily Ich bekomme acht Euro pro Woche. Aber meine Oma gibt mir noch zehn Euro im Monat.
Luca Ich bekomme 16 Euro pro Woche, aber ich kaufe Hefte und Stifte selbst.
Schmitt Verdient ihr schon Geld?
Emily Ich habe keine Zeit. Ich arbeite so viel bei den Pferden und für die Schule.
Zeynep Ich bin gut in Mathe und gebe Nachhilfe. Ich helfe dem Sohn von Freunden von meiner Mutter. Ich bekomme 15 Euro pro Stunde.
Luca Ich gehe für meine Oma einkaufen und dann gibt sie mir ein bisschen Geld.

a Lies das Interview in der Schülerzeitung und kreuz an, richtig [r] oder falsch [f].

	[r]	[f]
1. Alle drei wohnen in Münster.	X	
2. Die drei sind im Ratsgymnasium.		
3. Emily hat kein Pferd.		
4. Luca macht Musik am Computer.		
5. Zeynep trifft Freunde in der Stadt.		
6. Alle drei arbeiten schon für Geld.		

b Such Informationen über die drei im Interview und schreib ins Heft.

Alter *Schule* *Hobbys* *Geld*

	Emily	Luca	Zeynep
Alter			
Schule			
Hobbys			
Geld			

Mach die Übungen. Kontrollier deine Ergebnisse auf Seite 86 und notier die Punkte.

1 Etwas auswählen und kaufen

Ordne den Dialog am Kiosk.

- ☐ *Danke.*
- 1 *Ich hätte gern Gummibärchen.*
- ☐ *Der kostet 85 Cent und der 1,50.*
- ☐ *Das macht zusammen 2,45 Euro.*
- ☐ *Dann nehme ich den.*
- ☐ *Die kosten 95 Cent. Noch etwas?*
- ☐ *Und 2,55 Euro zurück.*
- ☐ *Ja, einen Schokoriegel. Was kostet der?*
- ☐ *Fünf Euro.*

___/4 Punkte

2 Wünsche äußern, über Preise sprechen und Preise vergleichen

a Was möchten die Personen? Schreib Sätze und Fragen mit *möchten* in dein Heft.

1. Bea / Pferd / haben
2. Wir / Gitarre / spielen
3. Ich / Deutsch / lernen
4. Ihr / mitspielen / ?
5. Jan und Ella / gehen / ins Kino
6. Was / du / ?

___/6 Punkte

120 **b Hör zu und notier die Preise.**

1. Chips: ___________ 2. Kekse: ___________ 3. Comic: ___________ 4. zwei Schokoriegel: ___________

___/4 Punkte

3 Über Taschengeld sprechen

Wofür gibt man sein Taschengeld aus? Schreib Sätze.

1. ich / 20 Euro Taschengeld / bekomme / pro Monat

____

2. meine Eltern / meine Schulsachen / bezahlen

____

3. gibt / mein Freund / sein Taschengeld / für Kino / immer / aus

____

4. oft / Süßigkeiten / ich / kaufe

____

___/4 Punkte

4 Grammatik: Ergänz den Dialog mit den Verbformen.

● Ich ______________ *(nehmen)* Kaugummis. Was ______________ *(nehmen)* ihr?

■ Wir ______________ *(möchten)* Schokoriegel. Ich ______________ *(möchten)* die fünf Schokoriegel hier und Till ______________ *(nehmen)* den da.

● ______________ du immer so viel Geld für Süßigkeiten ______________ *(ausgeben)*?

___/7 Punkte

Punkte insgesamt: ____/25

121 Seite 74

die Postkarte, -n ____________
der Keks, -e ____________
der Kaugummi, -s ____________
die Chips *(nur Pl.)* ____________
das Gummibärchen, - ____________
der Comic, -s ____________
der Schokoriegel, - ____________
das Eis *(nur Sg.)* ____________
die Zeitung, -en ____________
die Zeitschrift, -en ____________
kaufen ____________
manchmal ____________
nie ____________
oft ____________
immer ____________
Ich kaufe nie/manchmal/oft/immer Chips.

122 Seite 75

kosten ____________
Was kostet das Eis?
der Euro ____________
der Cent ____________
Ein Euro sind 100 Cent.
Wir hätten gern ... ____________
teuer ____________
nehmen, nimmt ____________
Ich nehme ein Eis. Und was nimmst du?
Noch etwas? ____________
etwas ____________
alles ____________
Noch etwas? – Nein, das ist alles.
Das macht ... Euro. ____________

123 Seite 76

bezahlen ____________
Sie bezahlt vier Euro.
der Verkäufer, - ____________
die Verkäuferin, -nen ____________
zurückgeben, gibt zurück ____________
Die Verkäuferin gibt 65 Cent zurück.
der/das/die ... da ____________
Was kosten die Chips da?

124 Seite 77

der Preis, -e ____________
bei uns ____________
der Kiosk, -e ____________
Bei uns kann man am Kiosk Eis kaufen.
Ich hätte gern ... ____________
Tut mir leid. ____________
leider ____________

125 Seite 78 und 79

möchten, möchte ____________
Ich möchte ein Fahrrad haben.
möglich ____________
der Wunsch, -ü-e ____________
das Mountainbike, -s ____________
die Karte, -n ____________
der Tischtennisschläger, - ____________
die Drohne, -n ____________
billig ____________

126 Seite 80

das Taschengeld *(nur Sg.)* ____________
das Geld *(nur Sg.)* ____________
bekommen ____________
der Geburtstag, -e ____________
zu ____________
Ich bekomme oft Geld zum Geburtstag.
Weihnachten *(nur Sg.)* ____________
Was möchtest du zu Weihnachten haben?
die Süßigkeiten *(nur Pl.)* ____________
die App, -s ____________
ausgeben, gibt aus ____________
Gibst du viel Geld für Konzerte aus?
das Konzert, -e ____________
ungefähr/etwa ____________
Ich gebe ungefähr/etwa 20 Euro pro Monat aus.

127 Seite 81

zufrieden ____________
nichts ____________
genug ____________
selbst ____________
verdienen ____________

Tipp

Was willst du wissen? Nutz fürs Lesen die Lesestrategien im Kursbuch auf S. 81!

A

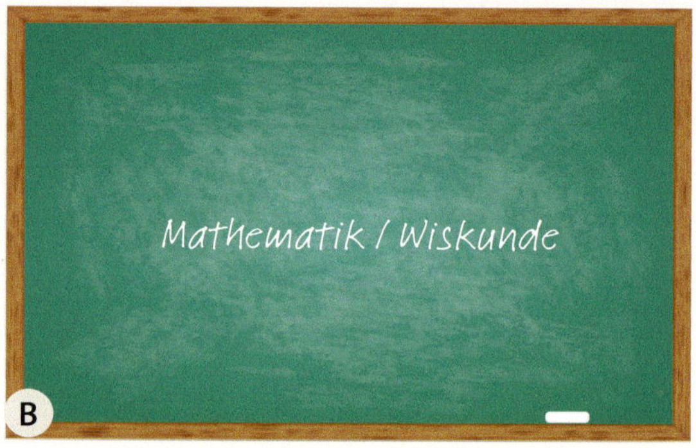

B

Schulporträt: Euregio Realschule Kranenburg

Die Euregioschule Kranenburg ist in Deutschland, direkt an der Grenze mit den Niederlanden. In Kranenburg leben Deutsche und Niederländer. Auch die Lehrer kommen aus Deutschland und den Niederlanden.

Die Schule ist zweisprachig: Deutsch und Niederländisch. Mathematik ist zum Beispiel auf Niederländisch, aber Sport auf Deutsch. Englisch und Französisch lernen die Schülerinnen und Schüler als Fremdsprachen. Sie sind zwischen zehn und 16 Jahre alt und kommen aus Deutschland und den Niederlanden.

Einige sprechen zu Hause auch andere Sprachen, wie Polnisch, Türkisch, Russisch, Chinesisch, Vietnamesisch, Spanisch, ...

Info

Alle Grenzregionen in Europa heißen Euregio. Viele Menschen sagen: „Hier in der Euregio, der Grenzregion, lebt man Europa.“
Mehr wissen? Such im Internet nach „Euregio“.

C

1 Ein Schulporträt: zwei Länder, eine Schule

a **Lies das Porträt der Euregio Realschule in Kranenburg auf S. 66. Welches Bild passt zu welchem Abschnitt? Ordne zu.**

128 **b** **Hör zu und ergänz die Informationen zu Vincents Schule oder kreuz an.**

Vincent

Vincents Schule ist in: *Deutschland* ______

Bundesland: ☐ Nordrhein-Westfalen
☐ Rheinland-Pfalz

Schultyp: ______

Wie viele Jahre: ☐ 4 ☐ 6 ☐ 8

Schulabschluss: ☐ Abitur
☐ Realschulabschluss

Schüler/innen gesamt: ca. ______

Noten: ______ ist die beste Note 😊, ______ die schlechteste ☹

Schulbeginn: ______

Wochenende: ______

c **Mach einen Steckbrief wie in 1b für deine Schule. Schreib ins Heft.** *Meine Schule ist in: ...*

2 Schulquiz

a **Lies die Sätze. Passen sie zu Deutschland, Österreich und/oder zur Schweiz? Kreuz an. Die Seiten 84–85 im Kursbuch helfen.**

	Deutschland	Österreich	die Schweiz	mein Land
Juhu, ich habe eine 6! 😊	☐	☐	X	☐
Ich mache Abitur.	☐	☐	☐	______
Ich will Matura machen.	☐	☐	☐	______
Ich habe eine 1! 😊	☐	☐	☐	☐
Ich gehe aufs Kanti!	☐	☐	☐	______
Ich gehe in Hamburg zur Schule, aber in München ist alles anders.	☐	☐	☐	______
Am Wochenende ist schulfrei!	☐	☐	☐	☐
Eine 5??? Oh nein! ☹	☐	☐	☐	☐
Von Wien nach Graz zur Schule? Kein Problem!	☐	☐	☐	______

b **Welche Sätze aus 2a passen auch für dein Land? Kreuz an oder ergänz die Informationen in der Tabelle.**

Große Pause

1 Mein Schatz: meine Wörter – mein Wortschatz

a Buchstabensuppe: Welche acht Wörter aus dem Schatz sind hier versteckt? Markier und schreib die Wörter mit Artikel und Pluralform auf die Linien.

B	K	T	A	G	U	H	U
A	U	S	E	I	S	A	F
S	L	C	Ä	T	O	N	I
A	I	H	H	A	N	D	Y
L	G	Ö	U	R	N	I	O
A	U	N	N	R	E	D	G
T	T	Ü	D	E	L	T	A
R	U	C	K	S	A	C	K

das Buch, die Bücher
____
____
____
____
____
____
____

b Was ist noch auf dem Bild? Find Objekte mit folgenden Anfangsbuchstaben.

1. B*all*
2. B______
3. C______
4. F______
5. F______
6. F______
7. H______
8. L______
9. S______
10. U______
11. V______
12. Z______

2 Rätsel: Was ist das?

129 **a** Hör die Rätsel und nummerier die passenden Wörter. Nicht alle Wörter passen.

☐ der Hund ☐ das Handy *1* Bücher ☐ der Bleistift ☐ Wörter

☐ Filme ☐ der Wecker ☐ der Fisch ☐ Australien ☐ Zahlen

b **Jetzt bist du dran: Schreib auch ein Rätsel wie im Beispiel. Die Fragen helfen dir.**

Wie sieht es aus? → groß oder klein

Wo gibt es das? → im Sportunterricht

Wie findest du es? → cool

Was kannst du damit machen? → spielen, Sport, ...

Welche Wörter passen dazu? → Freizeit, AG, ...

Anfangsbuchstabe? → B

Sie können groß oder klein sein. Ich habe einen: Er ist groß und orange. Ich mag Sport und spiele gern damit. In der Schule haben wir sie im Sportunterricht oder in AGs.
Das Wort fängt mit B an.

3 Ein Satzpuzzle

a **Schreib Fragen oder Sätze mit den Wörtern. Ergänz das fehlende Wort.**

1. *wie viel* *es* *ist* ...

Wie viel Uhr ist es?

2. *gut* *kochen* ... *ich*

____

3. *Wochenende* ... *keine Schule* *wir* *haben*

____

4. *ich* *möchte* ... *Kino* *ins*

____

5. *nein,* *Hund* *ich* ... *habe*

____

6. ... *du* *woher*

____

7. *machst* *du* ... *gern*

____

8. *das Buch* ... *da* *was*

____

9. *was* *Traumberuf* *dein* ...

____

10. *Mathe* *ich* *nein,* ... *mag*

____

b **Schreib die Antworten oder die Fragen zu den Sätzen in 3a. Schreib in dein Heft.**

Der vorliegende Test prüft alle Lerninhalte aus dem Teilband *prima aktiv A1.1.* Er kann zur Selbstkontrolle als Abschlusstest zum Teilband A1.1 dienen. Der Testablauf und die Aufgabentypen sind stark angelehnt an *Fit in Deutsch 1* des Goethe-Instituts. Der Test dient daher der Vorbereitung auf die Prüfung. Ein Modelltest für *Fit in Deutsch 1* befindet sich im Arbeitsbuch des Teilbandes *prima aktiv A1.2.*

Hören

Der Teil *Hören* hat zwei Teile. Lies zuerst die Aufgaben. Hör dann den Text. Du hörst jeweils zweimal.

Tipp
- Lies zuerst die Aufgaben.
- Sieh die Bilder an, sie helfen dir.
- Hör die Nachricht zweimal.
- Nur eine Antwort ist richtig.

Teil 1

130 **Du hörst eine Nachricht am Telefon. Es gibt zwei Aufgaben dazu. Was ist richtig? Kreuz an.**

1 **Paul und Lara schreiben einen Test in Englisch ...**

a) ☐ am Montag.

b) ☐ am Dienstag.

c) ☐ am Donnerstag.

2 **Welches Fach möchte Paul mit Lara lernen?**

a) ☐ Mathe

b) ☐ Englisch

c) ☐ Geografie

Teil 2

131 **Du hörst ein Gespräch. Dazu gibt es drei Aufgaben. Kreuz an, richtig oder falsch. Du hörst das Gespräch zweimal. Lies nun die Sätze 3, 4 und 5.**

	Richtig	Falsch
3 Tobi kauft heute Kaugummis.	☐	☐
4 Lara möchte heute einen Schokoriegel.	☐	☐
5 Die Kaugummis kosten 2,50 Euro.	☐	☐

Lesen

Der Teil *Lesen* hat zwei Teile. Teil 1 ist eine Anzeige. Teil 2 ist eine Beschreibung.

Teil 1

Lies bitte die Anzeige. Beantworte dann die Fragen 6, 7 und 8: Was ist richtig? Kreuz an.

Tipp

- Lies genau. Unterstreich im Text Wörter aus den Aufgaben.
- Lies diese Textstellen noch einmal.
- Beantworte nun die Fragen.

Hundespielplatz Karlo

Hast du einen Hund? Macht ihr gern zusammen Sport? Komm mit deinen Eltern und deinem Hund und spiel mit! Wir haben einen Sportplatz, fünf Sandplätze und eine Wiese von $200 m^2$.
Hunger? Wir verleihen Grills – das ist Spaß für die ganze Familie!

Was kostet das?

Spielplatz: 6,50 Euro pro Stunde, der 2. Hund aus der gleichen Familie nur 2 Euro.
Grillverleih: 5,00 Euro.

Hast du Lust?

Mehr Informationen unter:
✉ karlosspielplatz@beispiel.de

6 Das ist eine Anzeige für

a) einen Spielplatz für Kinder.
b) einen Spielplatz für Hunde.
c) ein Grill-Restaurant.

7 Was kann man dort machen?

a) Sport mit Hunden
b) Hunde kaufen
c) Sport mit Kindern

8 Was kostet es für eine Familie mit zwei Kindern und zwei Hunden mit Grillverleih?

a) 8,50 Euro
b) 11,50 Euro
c) 13,50 Euro

Teil 2

In einer Zeitschrift findest du einen Text über Tom.
Lies bitte die Beschreibung.

Tipp

- Lies den Text schnell.
- Lies die Aufgaben.
- Lies den Text genau und such die Antworten.

Hallo, ich heiße Tom. Ich wohne mit meinem Bruder und meinen Eltern in München. Ich bin 14 Jahre alt. Meine Mutter ist Ingenieurin und mein Vater Lehrer.
Ich mag Musik. Ich spiele Keyboard und singe gern.
Meine Freundin heißt Mara. Sie liebt auch Musik, aber sie kann kein Instrument spielen. Sie hört nur gern Musik.
Am Wochenende spiele ich mit meinen Freunden Fußball.
Aber mein Lieblingssport ist Volleyball.
Mein Traumberuf ist Musiker oder Volleyballspieler.

Beantworte die Aufgaben 9 bis 11. Was ist richtig und was ist falsch?

		Richtig	Falsch
9	Tom wohnt mit seiner Familie in München.	☐	☐
10	Mara spielt Keyboard.	☐	☐
11	Toms Traumberuf ist Musiker oder Fußballspieler.	☐	☐

Schreiben

Lies die E-Mail. Schreib eine Antwort. Schreib circa 30 Wörter.

Tipp

- Unterstreich beim Lesen die wichtigsten Infos und Fragen.
- Schreib eine Antwort zu den Infos und zu den Fragen in der E-Mail.
- Denk auch an Begrüßung und Abschied.

Unbekannt – Nachricht

Senden | Betreff: Austausch

Hallo!

Ich heiße Katya. Ich komme aus der Türkei und wohne in Ankara. Ich lerne schon seit zwei Jahren Deutsch. Ich mag Tiere. Ich habe aber kein Haustier. Meine Mama mag keine Tiere.
Hast du ein Haustier?
In meiner Freizeit gehe ich schwimmen oder lese. Was sind deine Hobbys?
Schreib mir!

Viele Grüße
Katya

Unbekannt – Nachricht

Senden | An: Katya@beispiel.com
Betreff: Austausch

____

____

____

____

____

____

____

____

____

____

Sprechen

Der Teil *Sprechen* hat drei Teile. Sprich mit einer Partnerin / einem Partner.

Teil 1

Stell dich vor.

Name?
Alter?
Land?
Familie?

Wohnort?
Schule?
Sprachen?
Hobby?

Tipp
- Überleg dir zu jedem Punkt einen Satz.
- Lern diese Sätze auswendig.

Teil 2

Fragen stellen und auf Fragen antworten: Wähl eine Karte aus und stell deiner Partnerin / deinem Partner eine Frage dazu. Sie/Er beantwortet die Frage und zieht auch eine Karte.

Beispiel:

Thema: Schule
Lieblingsfach

Was ist dein Lieblingsfach?

Mein Lieblingsfach ist Deutsch.

Tipp
- Lies Thema und Wort.
- Denk an die W-Fragen: *Wo? Was? Wann? Wer? Wie? Wie viel?*
- Formulier eine Frage. Du kannst auch Ja-/Nein-Fragen stellen.
- Die Frage muss zu Wort UND Thema passen.
- Antworte in kurzen Sätzen, aber mit mehr als nur „Ja." oder „Nein.".

1 Thema: Vorstellung
Telefonnummer

2 Thema: Schulfächer
Mathematik

3 Thema: Tiere
Haustier

4 Thema: Mein Tag
Schule

5 Thema: Freizeit
Sport

6 Thema: Familie
Eltern

7 Thema: Berufe
Traumberuf

8 Thema: Einkaufen
Kaugummis

9 Thema: Taschengeld
Kino

Teil 3

Fragen formulieren und darauf antworten: Formulier zu jedem Bild eine Frage und eine Antwort wie im Beispiel.

Beispiel:

Wie ist deine Handynummer?

Meine Handynummer ist ...

Tipp
- Sieh zuerst das Bild an. Was siehst du?
- Nenn das Wort laut und bilde nun die Frage. Achte auf die Verbposition.
- Denk auch an Mimik und Gestik!

1

2

3

4

5

6

7

8

Verben

Regelmäßige Verben

Infinitiv		**spielen**
Singular	ich	spiele
	du	spielst
	er/es/sie	spielt
Plural	wir	spielen
	ihr	spielt
	sie	spielen
Höflichkeitsform	Sie	spielen

Tipp
Merk dir die Endungen: **e-st-t** und **en-t-en**. Mehr brauchst du nicht.

Genauso: machen, kommen, wohnen, lernen, fragen, schreiben, chillen ...

Aber:
! heißen → du heißt
! arbeiten → du arbeitest

Verben mit Vokalwechsel: *e* → *i*, *e* → *ie* und *a* → *ä*

Infinitiv		**sprechen**	**lesen**	**fahren**
Singular	ich	spreche	lese	fahre
	du	sprichst	liest	fährst
	er/es/sie	spricht	liest	fährt
Plural	wir	sprechen	lesen	fahren
	ihr	sprecht	lest	fahrt
	sie	sprechen	lesen	fahren
Höflichkeitsform	Sie	sprechen	lesen	fahren
	Genauso:	treffen	sehen	schlafen

Tipp
Lern Verben mit Vokalwechsel immer mit der 3. Person Singular: ich spreche – er/es/sie spricht.

Unregelmäßige Verben

Infinitiv		**sein**	**haben**	**mögen**	**möchten**
Singular	ich	bin	habe	mag	möchte
	du	bist	hast	magst	möchtest
	er/es/sie	ist	hat	mag	möchte
Plural	wir	sind	haben	mögen	möchten
	ihr	seid	habt	mögt	möchtet
	sie	sind	haben	mögen	möchten
Höflichkeitsform	Sie	sind	haben	mögen	möchten

- Wie alt **bist** du?
- Ich **bin** 13.

- **Hast** du ein Haustier?
- Ja, ich **habe** eine Katze.

- **Magst** du Mathe?
- Nein, ich **mag** Bio.

- Was **möchtest** du?
- Ich **möchte** ein Eis.

Das Modalverb *können*

Infinitiv		**können**
Singular	ich	kann
	du	kannst
	er/es/sie	kann
Plural	wir	können
	ihr	könnt
	sie	können
Höflichkeitsform	Sie	können

- Ich **kann** gut Computerspiele spielen.
- **Kann** ich mitspielen?

Trennbare Verben

Infinitiv		**Position 2: Verb**		**Ende**
fern|sehen	Sie	**sehen**	gern	**fern**.
mit|kommen		**Kommst**	du	**mit**?
ab|holen	Ich	**hole**	dich um acht Uhr	**ab**.
ein|kaufen	Wir	**kaufen**	gern	**ein**.
an|fangen	Wann	**fängt**	der Film	**an**?
auf|stehen	Um wie viel Uhr	**stehst**	du	**auf**?
	Wir	**können**		**an**fangen.
		Kannst	du heute	**mit**kommen?

Regel

Bei Modalverb + trennbarem Verb in einem Satz bleibt das trennbare Verb zusammen und steht am Ende.

Nomen-Verb-Kombinationen

Rad fahren	Ich	**fahre**	gern	**Rad.**
ins Kino gehen	Wir	**gehen**	am Samstag	**ins Kino.**

Grammatik im Überblick

Nomen und Artikel

Artikel

	Maskulinum	Neutrum	Femininum	Plural
bestimmte Artikel	der Hund	das Pferd	die Maus	die Hunde/Pferde/Mäuse
unbestimmte Artikel	ein Hund	ein Pferd	eine Maus	– Hunde/Pferde/Mäuse
unbestimmte Artikel (negativ)	kein Hund	kein Pferd	keine Maus	keine Hunde/Pferde/Mäuse
Possessivartikel	mein* Hund	mein* Pferd	meine* Maus	meine Hunde/Pferde/Mäuse

*Genauso: dein, sein, ihr, unser, euer, ihr → Seite 79.

Singular und Plural

-e	der Hund	die Hunde
-n	die Brille	die Brillen
–	das Kaninchen	die Kaninchen
-nen	die Schülerin	die Schülerinnen
¨-er	das Buch	die Bücher
¨	der Vogel	die Vögel
¨-e	die Maus	die Mäuse
-s	das Tablet	die Tablets
...		

Tipp
Lern Nomen immer mit Artikel und Pluralform.

Maskulinum und Femininum bei Berufen

der Lehrer	die Lehrerin	der Arzt	die Ärztin
der Schüler	die Schülerin	der Koch	die Köchin
der Verkäufer	die Verkäuferin	der Ingenieur	die Ingenieurin
der Polizist	die Polizistin	der Hausmann	die Hausfrau

Nominativ und Akkusativ

Nominativ

Maskulinum	Neutrum	Femininum	Plural
Das ist der Hund.	Das ist das Pferd.	Das ist die Maus.	Das sind die Hunde/Pferde/Mäuse.
Das ist ein Hund.	Das ist ein Pferd.	Das ist eine Maus.	Das sind – Hunde/Pferde/Mäuse.
Das ist kein Hund.	Das ist kein Pferd.	Das ist keine Maus.	Das sind keine Hunde/Pferde/Mäuse.
Das ist mein Hund.	Das ist mein Pferd.	Das ist meine Maus.	Das sind meine Hunde/Pferde/Mäuse.

Regel
Das Subjekt ist immer im Nominatv. Frage WER? (Personen) oder WAS? (Dinge).

Akkusativ

Maskulinum	**Neutrum**	**Femininum**	**Plural**
Ich suche den Hund.	Ich suche das Pferd.	Ich suche die Maus.	Ich suche die Hunde/ Pferde/Mäuse.
Ich habe einen Hund.	Ich habe ein Pferd.	Ich habe eine Maus.	Ich habe – Hunde/ Pferde/Mäuse.
Ich habe keinen Hund.	Ich habe kein Pferd.	Ich habe keine Maus.	Ich habe keine Hunde/ Pferde/Mäuse.
Ich suche meinen Hund.	Ich suche mein Pferd.	Ich suche meine Maus.	Ich suche meine Hunde/Pferde/Mäuse.

Regel

Das direkte Objekt steht im Akkusativ.
Frage WEN? (Personen) oder WAS? (Dinge).

Tipp

Merk dir: Im Maskulinum Singular hat der Artikel die Endung *-en*. Bei Neutrum, Femininum und Plural ändert sich im Akkusativ nichts.

Die meisten Verben haben Akkusativ:
abholen, basteln, beginnen, bekommen, brauchen, buchstabieren, fragen, haben, hören, kaufen, kochen, kosten, lernen, lesen, machen, mögen, sagen, schreiben, sehen, singen, spielen, suchen, tanzen, treffen, trinken, verdienen, zeichnen …

Possessivartikel

	der Bruder	das Kind	die Schwester	die Eltern
ich	**mein** Bruder	**mein** Kind	**meine** Schwester	**meine** Eltern
du	**dein** Bruder	**dein** Kind	**deine** Schwester	**deine** Eltern
er	**sein** Bruder	**sein** Kind	**seine** Schwester	**seine** Eltern
es	**sein** Bruder	**sein** Kind	**seine** Schwester	**seine** Eltern
sie	**ihr** Bruder	**ihr** Kind	**ihre** Schwester	**ihre** Eltern
wir	**unser** Bruder	**unser** Kind	**unsere** Schwester	**unsere** Eltern
ihr	**euer** Bruder	**euer** Kind	**eu(e)re** Schwester	**eu(e)re** Eltern
sie	**ihr** Bruder	**ihr** Kind	**ihre** Schwester	**ihre** Eltern
Sie	**Ihr** Bruder	**Ihr** Kind	**Ihre** Schwester	**Ihre** Eltern

Regel

Namen bekommen ein possessives *-s*:
Jule Jules Buch = das Buch von Jule = ihr Buch
Papa Papas Bruder = der Bruder von Papa = sein Bruder

Aber Namen mit *-s*, *-x* oder *-z* am Ende bekommen einen Apostroph.
Lars Lars' Schwester = die Schwester von Lars = seine Schwester
Max Max' Eltern = die Eltern von Max = seine Eltern
Luz Luz' Tablet = das Tablet von Luz = ihr Tablet

Adjektive

Adjektive nach dem Nomen

Biologie finde ich interessant.
Die Giraffe ist groß.

Der Tiger ist stark.
Die Maus ist klein.

Präpositionen

Ort

- Woher kommst du?
- Aus Deutschland, aus Berlin.

- Wo wohnst du jetzt?
- In Österreich, in Wien.

Zeit

Wann (kommt du)?	Um acht Uhr.
Wie lange (habt ihr Schule)?	Von acht Uhr bis halb zwei.
Wie viel Uhr ist es?	Es ist Viertel vor zwölf / Viertel nach drei.
Wann (haben wir Sport)?	Am Montag.

Andere Präpositionen

Was möchtest du zum Geburtstag haben?
Ich bekomme 25 Euro Taschengeld pro Monat.
Hansi ist der Hamster von Ben.

Die Wörter im Satz

W-Fragen

	Position 2: Verb	
Wie	heißt	du?
Woher	kommen	Ella und Yann?
Wo	wohnt	deine Oma?
Wann	stehst	du auf?
Wie lange	hast	du heute Schule?
Was	könnt	ihr gut?

Ja/Nein-Fragen

Magst	du	Sport?
Hat	dein Bruder	ein Haustier?
Kommt	ihr	mit?
Kannst	du	kochen?

Regel

Merk dir: Das Verb steht immer auf Position 2. Nur bei Ja/Nein-Fragen steht es am Anfang.

Aussagesätze

	Position 2: Verb		Ende
Ich	schwimme.		
Mario	schwimmt	gern.	
Sie	hat	eine Katze.	
Jugendliche	hören	gern Musik.	
Anna und Timo	können	sehr gut	skaten.
Du	kannst	gern	mitspielen.
Er	sieht	gern	fern.
Sie	kommt		mit.

Regel

Bei zwei Verben in einem Satz steht das Modalverb auf Position 2 und das andere Verb am Ende.
Bei trennbaren Verben steht das Verb auf Position 2 und das Präfix am Ende.

Aussagesätze mit Zeitangaben

	Position 2: Verb		Ende
Tom und Tina	gehen	**heute Abend**	ins Kino.
Heute Abend	gehen	Tom und Tina	ins Kino.

Rechtschreibung

Groß- und Kleinschreibung

Namen schreibt man groß:	Deutschland, Berlin, Jule, Herr Müller, Frau Tautz, ...
Nomen schreibt man groß:	das Heft, der Kuli, der Vorname, die Familie, die Katze, ...
Am Satzanfang schreibt man groß:	Mein Name ist Michael Müller. Ich komme aus Berlin.
Höflichkeitsform – die Pronomen und die Possessivartikel schreibt man groß:	Wie heißen Sie? Wie ist Ihr Name? Wo wohnen Ihre Kinder?

Punkt und Fragezeichen am Satzende

Nach Aussagesätzen steht ein Punkt:	Ich heiße Jule.
Nach Fragesätzen steht ein Fragezeichen:	Wie heißt du? Heißt du Jule?

Buchstaben und Laute

132

Buchstaben	Laute	Beispiele und Wortakzent
a | aa | ah a	[aː] [a]	Abend | Staat | fahren wann, Tante
ä | äh ä	[ɛː] [ɛ]	spät | fährt Städte
ai	[ai̯]	Mai
au	[au̯]	Haus
äu	[ɔy̯]	Häuser
b | bb -b	[b] [p]	bis, sieben | Hobby lieb
ch ch chs	[ç] [x] [ks]	ich auch sechs
d -d | -dt	[d] [t]	du, Länder Land | Stadt
e | ee | eh e -e	[eː] [ɛ] [ə]	leben | Tee | sehr gern Tante
ei	[ai̯]	ein
eu	[ɔy̯]	heute
f | ff	[f]	Freunde, Geografie | treffen
g | gg -g -ig	[g] [k] [ɪç]	gut, Tage | bloggen Tag zwanzig
h -h	[h] –	hallo sehen
i | ie | ieh i	[iː] [ɪ]	Kino | sie | sieht nicht
j	[j]	ja
k | ck	[k]	Kuli | Rucksack
l | ll	[l]	lesen | toll
m | mm	[m]	Musik, Filme | immer
n | nn ng nk	[n] [ŋ] [ŋk]	neu, fernsehen | können singen danke
o | oo | oh o	[oː] [ɔ]	schon | Zoo | wohnen Sonntag
ö | öh ö	[øː] [œ]	schön | fröhlich möchte

Buchstaben	Laute	Beispiele und Wortakzent
p | pp ph	[p] [f]	**P**ause, su**p**er | sho**pp**en **Ph**ysik
qu	[kv]	A**qu**arium
r | rr | rh -er	[r] [ɐ]	B**r**ille | Gita**rr**e | **Rh**ythmus Mutt**er**
s s | ss | ß	[z] [s]	**s**ehr, le**s**en Ei**s** | Adre**ss**e | wei**ß**
sch sp- st-	[ʃ] [ʃp] [ʃt]	**Sch**ule, Ta**sch**engeld **Sp**ort, mit**sp**ielen **St**adt, Blei**st**ift
t | tt | th -tion	[t] [tsio:n]	**T**iger | Mi**tt**woch | Ma**th**e Informa**tion**
u | uh u	[u:] [ʊ]	g**u**t | **Uh**r L**u**st
ü | üh ü	[y:] [Y]	Sch**ü**ler | fr**üh** zur**ü**ck
v v -v	[f] [v] [f]	**v**iel Kla**v**ier akti**v**
w	[v]	**w**o
x	[ks]	Te**x**t
y- y y -y	[j] [y:] [Y] [i]	**Y**oga t**y**pisch Rh**y**thmus Hobb**y**
z | tz	[ts]	**Z**eit, tan**z**en | je**tz**t

Teste dich! 1

1 Begrüßung und Abschiedsgruß

Hallo. Wie heißt du? – Ich bin Jule, und du?
Guten Tag. Ich bin Franz Fischer. – Hallo, Herr Fischer.
Wie geht's? – Gut, danke. Und dir?
Tschüs. – Auf Wiedersehen.

2 Namen und Wohnort sagen und buchstabieren

a 1. c) – 2. a) – 3. b) – 4. c)

b 1. Österreich – 2. Karlsruhe – 3. Luzern

3 Sagen, was ich mag

	👍	👎
Jan	Skaten, Surfen	Yoga
Ella	Hip Hop, Klassik	Rock

4 Grammatik

1.
- ● Hallo! Wer bist du?
- ■ Ich bin Ana. Und wie heißt du?
- ● Ich heiße Emre.
- ■ Und woher kommst du, Emre?
- ● Aus Deutschland. Ich wohne in Köln.

2.
- ▲ Guten Tag.
- ★ Hallo, guten Tag! Wie heißen Sie?
- ▲ Martin Müller.
- ★ Wo wohnen Sie, Herr Müller?

Teste dich! 2

1 Telefonnummern erfragen und mitteilen

1. 030/23125746 – 2. 069/90009238 – 3. 0171/3920055

2 Freunde vorstellen und über Schulfächer sprechen

a 1. Wie heißt deine Freundin? – 2. Magst du Bio? –
3. Wie ist deine Handynummer/Nummer/Telefonnummer?

b 1. Na ja, es geht so. – 2. Ich nicht. Ich mag Sport. – 3. Bio? Bio ist langweilig.

3 Über Schulsachen sprechen

1. Das ist ein Bleistift. – 2. Das ist ein Radiergummi. – 3. Das ist ein Lineal. –
4. Das ist ein Buch. – 5. Das ist ein Rucksack. – 6. Das ist eine Schere.

4 Grammatik

1. Hi, ich bin Mariem. Woher kommt ihr? – Aus Berlin.
2. Wie heißt dein Freund? – Luis.
3. Spielst du Fußball? – Nein, Fußball mag ich nicht.

Teste dich! 3

1 Über Tiere sprechen

Zum Beispiel: 1. Ja, ich habe einen Hund. – 2. Nein, ich habe keine Katze. – 3. Mein Lieblingstier ist der Hund. – 4. Die Giraffe kommt aus Afrika. – 5. Ja, er/sie mag Hunde (sehr).

2 Ein Interview führen

1. Hast du einen Hund? – 2. Wie heißt er? / Wie heißt dein Hund? –
3. Wie alt ist er? / Wie alt ist dein Hund? – 4. Wie heißt dein Lieblingstier? – 5. Magst du Katzen?

3 Ein Tier vorstellen

Zum Beispiel: Das ist Rahel. Sie ist 14 Jahre alt und mag Hunde, Vögel und Giraffen. Sie hat viele Haustiere. Bibby ist ein Vogel. Er ist grün und gelb und singt gern. Rahel hat auch einen Hund und eine Katze. Der Hund heißt Tasso, er ist fünf Jahre alt, braun, groß und lieb. Die Katze heißt Kasimir und ist grau und alt. Sie hat auch drei kleine weiße Mäuse. Sie heißen Alpha, Beta und Gamma.

4 Grammatik

1. Luca hat drei Kugelschreiber/Kulis. – 2. Luca hat keinen Rucksack. – 3. Luca hat fünf Bücher. –
4. Luca hat kein Handy/Smartphone. – 5. Luca hat zwei Hefte.

Teste dich! 4

1 Nach der Uhrzeit fragen und Uhrzeiten nennen

1. Wie viel Uhr ist es? – 2. Es ist zehn vor zwei, oder? – 3. Nein, es ist schon Viertel nach zwei. –
4. Also auf meiner Uhr ist es halb drei.

2 Über meinen Schulalltag berichten

1. Wann beginnt deine Schule? – 2. Wie viele Stunden (Unterricht) hast du pro Woche? –
3. Wann hast du Freizeit? – 4. Wie lange ist eine Schulstunde?

3 Sagen, wann ich etwas gern mache

Zum Beispiel: Morgens lerne ich gern. – Mittags chatte ich gern oder surfe im Internet. – Abends mache ich gern Sport. – Nachts bin ich gern zu Hause.

4 Grammatik

1. Ich habe am Montag Theater-AG. – 2. Die Theater-AG ist von 12:30 Uhr bis 14:30 Uhr. –
3. Um 14:30 Uhr ist die AG zu Ende. – 4. Gegen 15:00 Uhr bin ich zu Hause.

Teste dich! 5

1 Über Hobbys und Aktivitäten sprechen und sagen, was ich gut kann

1. Eva sieht gern fern. – 2. Eva postet gern Fotos. – 3. Eva macht nicht gern Hausaufgaben. –
4. Eva steht nicht gern früh auf.

2 Sich mit Freunden verabreden

1. b) – 2. f) – 3. a) – 4. c) – 5. d) – 6. e)

3 Um Erlaubnis fragen

1. Kann ich mitspielen? – 2. Kann ich deinen/den Kuli haben?

4 Grammatik

Von Montag bis Freitag steht Lia sehr früh auf. Die Schule fängt um 7:45 Uhr an. Sie trifft in der Schule ihre Freunde. Lia spricht drei Sprachen: Deutsch, Russisch und Englisch. Am Wochenende sieht Lia gern Serien oder liest Romane. Manchmal gehen sie und ihre Freunde shoppen. Lia kann auch sehr gut kochen.

Teste dich! 6

1 Über meine Familie sprechen

Wer?	Wie?	Hobby?
der Vater	lustig	Computerspiele
der Onkel	cool	Lesen
die Tante	sportlich	Schwimmen

2 Ein Familienfoto beschreiben

In der Mitte ist meine Oma. – Rechts ist unser Hund. – Mein Vater steht hinten rechts.

3 Über Berufe sprechen

1. die Hausfrau – 2. der Polizist – 3. die Ingenieurin – 4. die Köchin – 5. der Tierarzt

4 Grammatik

1. Das sind meine Geschwister: Sara und Timo. – 2. Wir haben vier Haustiere: Das hier ist unsere Katze. – 3. Sara hat zwei Kaninchen. Hier, das sind ihre Kaninchen. – 4. Timo mag Hunde. Das hier ist Fox, sein Hund. – 5. Und ihr? Was sind eure Lieblingstiere?

Teste dich! 7

1 Etwas auswählen und kaufen

(1. Ich hätte gern Gummibärchen.) – 2. Die kosten 95 Cent. Noch etwas? – 3. Ja, einen Schokoriegel. Was kostet der? – 4. Der kostet 85 Cent und der 1,50. – 5. Dann nehme ich den. – 6. Das macht zusammen 2,45 Euro. – 7. Fünf Euro. – 8. Und 2,55 Euro zurück. – 9. Danke.

2 Wünsche äußern, über Preise sprechen und Preise vergleichen

a 1. Bea möchte ein Pferd haben. – 2. Wir möchten Gitarre spielen. – 3. Ich möchte Deutsch lernen. – 4. Möchtet ihr mitspielen? – 5. Jan und Ella möchten ins Kino gehen. – 6. Was möchtest du?

b 1. Chips: 3,95 Euro – 2. Kekse: 1,48 Euro – 3. Comic: 5,99 Euro – 4. zwei Schokoriegel: 1,50 Euro

3 Über Taschengeld sprechen

1. Ich bekomme 20 Euro Taschengeld pro Monat. – 2. Meine Eltern bezahlen meine Schulsachen. – 3. Mein Freund gibt sein Taschengeld immer für Kino aus. – 4. Ich kaufe oft Süßigkeiten.

4 Grammatik

- Ich nehme Kaugummis. Was nehmt ihr?
- Wir möchten Schokoriegel. Ich möchte die fünf Schokoriegel hier und Till nimmt den da.
- Gibst du immer so viel Geld für Süßigkeiten aus?

Zwischentest

Hören
1. c) – 2. a) – 3. falsch – 4. falsch – 5. richtig

Lesen
6. b) – 7. a) – 8. c) – 9. richtig – 10. falsch – 11. falsch

Schreiben
Zum Beispiel:
Hallo, Katya!
Wie geht's? Ich heiße Miguel und komme aus Spanien. Ich habe einen Hund. Er heißt Sancho. Meine Hobbys sind Musik hören und Yoga. Hörst du auch gern Musik?
Viele Grüße
Miguel

Sprechen
Teil 1

Zum Beispiel: **Name:** Ich heiße Miguel. – **Alter:** Ich bin 13 Jahre alt. – **Land:** Ich komme aus Spanien. – **Familie:** Ich habe zwei Schwestern. – **Wohnort:** Ich wohne in Madrid. – **Schule:** Meine Schule heißt IES Cervantes. – **Sprachen:** Ich spreche Spanisch und Deutsch. – **Hobby:** Ich mag Musik und mache Yoga.

Teil 2

Zum Beispiel:
1. Wie ist deine Telefonnummer? – Meine Telefonnummer ist 030/23125746.
2. Magst du Mathematik? – Ja, Mathe ist mein Lieblingsfach.
3. Hast du ein Haustier? – Nein, meine Eltern mögen Tiere nicht.
4. Um wie viel Uhr gehst du morgens zur Schule? – Ich gehe um halb acht zur Schule.
5. Machst du gern Sport? – Nein, ich mag Sport nicht. Ich lese gern.
6. Wie sind deine Eltern? – Meine Eltern sind cool. Wir haben viel Spaß zusammen.
7. Was ist dein Traumberuf? – Mein Traumberuf ist Architektin.
8. Kaufst du oft Kaugummis? – Nein, Kaugummis kaufe ich nur manchmal.
9. Gibst du viel Taschengeld für Kino aus? – Ja, ich gehe oft ins Kino. Das ist teuer.

Teil 3

Zum Beispiel:
1. Spielst du gern Fußball? – Nein, Fußball mag ich nicht. Aber ich spiele Basketball.
2. Liest du gern? – Ja, ich lese viele Comics.
3. Magst du Kunst? – Ja, Kunst ist cool.
4. Hast du ein Haustier? – Ja, ich habe zwei Katzen.
5. Siehst du gern fern? – Nein, Fernsehen ist langweilig.
6. Ist deine Familie groß? – Ja, ich habe drei Geschwister und viele Cousins und Cousinen.
7. Um wie viel Uhr stehst du morgens auf? – Ich stehe früh auf, um sechs Uhr.
8. Gehst du gern ins Kino? – Ja, aber nicht oft. Kino ist teuer.

Quellen

Cover: stock.adobe.com/JacobLund/Jacob; Illu: Cornelsen/Irina Zimmer
S. 3 (1): Shutterstock.com/dizain; (2): Shutterstock.com/BearFotos; (3): Shutterstock.com/AB Photographie; (4): Shutterstock.com/Denys Bohdanov; (5): Shutterstock.com/Soho A Studio; (6): Shutterstock.com/Drazen Zigic; (7): Shutterstock.com/Elena Veselova; (8): stock.adobe.com/Creative Nature/creativenature.nl; (9): Shutterstock.com/Rawpixel.com; S. 6 (Willkommen): Shutterstock.com/dizain; S. 7 (Ella): Shutterstock.com/Konstantin Tronin; (Nabil): Shutterstock.com/Zurijeta; (Matic): Shutterstock.com/Yalana; (Lan): Shutterstock.com/alexkich; (Naomi): Shutterstock.com/Dmytro Surkov; (Martin): Shutterstock.com/Africa Studio; (Nationalflaggen): Shutterstock.com/Puwadol Jaturawutthichai; S. 8 (Paul): Shutterstock.com/carballo; (Anna): Shutterstock.com/The_Molostock; S. 9 (1): Shutterstock.com/emperorcosar; (2): Shutterstock.com/Lightboxx; (3): Shutterstock.com/cge2010; (4): Shutterstock.com/Oleg_P; (5): Shutterstock.com/Olena Z; (6): Shutterstock.com/Leonid Andronov; S. 10 (Herr Müller): Shutterstock.com/Billion Photos; (Mia): Shutterstock.com/Krakenimages.com; (Hannes): Shutterstock.com/Kleber Cordeiro; (Yann): Shutterstock.com/Tuzemka; (Lukas): Shutterstock.com/Yulia Prizova; (Frau Nebel): Shutterstock.com/Dean Drobot; S. 11 (München): Shutterstock.com/S-F; (Pedro): Shutterstock.com/Krakenimages.com; (Luzern): Shutterstock.com/xbrchx; (Oktoberfest): Shutterstock.com/FooTToo; (Salzburg): Shutterstock.com/canadastock; (Sonia): Shutterstock.com/VH-studio; (Servus): Shutterstock.com/canadastock; (Pilatus): Shutterstock.com/xbrchx; (Robert): Shutterstock.com/Vivida Photo PC; (Mozart): Shutterstock.com/YMZK-Photo; (Nockerln): Shutterstock.com/AS Food studio; (Pilatus Bahn): Shutterstock.com/xbrchx; (Vierwaldstätter See): stock.adobe.com/Ulrich; (Englischer Garten): stock.adobe.com/foto.andreasprott.de/Andreas Prott http:/Andreas Prott; (Allianz Arena): stock.adobe.com/vsarts; S. 12 (Daumen): Shutterstock.com/Yurlick; S. 13 (Emojis): Shutterstock.com/SpicyTruffel; S. 14 (Kunst): Shutterstock.com/Nikolai V Titov; (Musik): Shutterstock.com/Vectorry; (Ella & Andre): Shutterstock.com/BearFotos; (Sport): Shutterstock.com/vasosh; (Biologie): Shutterstock.com/Spraneeth; (Geografie): Shutterstock.com/New Vectors; (Mathematik): Shutterstock.com/Marik_1994; (Flaggen): Shutterstock.com/Happy Art; (Daumen): stock.adobe.com/2006 Adobe Systems; S. 15 (Matteo): Shutterstock.com/Felix Mizioznikov; (Greta): Shutterstock.com/ViDI Studio; (Kunst): Shutterstock.com/Nikolai V Titov; (Biologie): Shutterstock.com/Spraneeth; (Geografie): Shutterstock.com/New Vectors; (Erik): Shutterstock.com/Tuzemka; (Mathematik): Shutterstock.com/Marik_1994; (Hannah): Shutterstock.com/VH-studio; (Daumen): stock.adobe.com/2006 Adobe Systems, Inc. All Rights Reserved./Copyright(C)2000; S. 16 (Kunst): Shutterstock.com/Nikolai V Titov; (Tennis): Shutterstock.com/Pavel Fiadkevich; (Gitarre): Shutterstock.com/Oleg1824; (Yoga): Shutterstock.com/svet_nn; (Basketball): Shutterstock.com/vasosh; (Klavier): Shutterstock.com/asantosg; (Globus): Shutterstock.com/New Vectors; (Frankfurt): Shutterstock.com/f11photo; (Hamburg): Shutterstock.com/canadastock; (Note): Shutterstock.com/Vectorry; (Düsseldorf): Shutterstock.com/Romas_Photo; (Berlin): Shutterstock.com/S.Borisov; (Fußball): Shutterstock.com/Wetzkaz Graphics; S. 17 (Kuli): Shutterstock.com/Pakhnyushchy; (Brille): Shutterstock.com/Dzha33; (Bleistift): Shutterstock.com/wut62; (Rucksack): Shutterstock.com/Vinicius Campos Lacerda; (Brotdose): Shutterstock.com/mvc_stock; (Schere): Shutterstock.com/Edler von Rabenstein; (Lineal): Shutterstock.com/grafikdesign1; (Handy): Shutterstock.com/guteksk7; (Sporttasche): Shutterstock.com/gresei; (Buch): Shutterstock.com/Pakhnyushchy; (Schüler): Shutterstock.com/Perfect Wave; (Laptop): Shutterstock.com/BGStock72; (Mappe): stock.adobe.com/Björn Wylezich; S. 18 (Kuli): Shutterstock.com/Pakhnyushchy; (Brille): Shutterstock.com/Dzha33; (Bleistift): Shutterstock.com/wut62; (Füller): Shutterstock.com/Norman Chan; (Brotdose): Shutterstock.com/mvc_stock; (Schere): Shutterstock.com/Edler von Rabenstein; (Lineal): Shutterstock.com/grafikdesign1; (Handy): Shutterstock.com/guteksk7; (Tablet): Shutterstock.com/Evgeny Zimin; (Buch): Shutterstock.com/Pakhnyushchy; (Radiergummi): Shutterstock.com/Mega Pixel; (Anspitzer): Shutterstock.com/Gelpi; (Laptop): Shutterstock.com/BGStock72; (Fußball): Shutterstock.com/Wetzkaz Graphics; (Mappe): stock.adobe.com/Björn Wylezich; S. 19 (Thomas): Shutterstock.com/Lopolo; (Inga): Shutterstock.com/Maryna Kulchytska; (Kai): Shutterstock.com/Sevastsyanau Uladzimir; (Mariem): Shutterstock.com/Marquess789; (Alice): Shutterstock.com/Dejan Dundjerski; (Matteo): Shutterstock.com/Dejan Dundjerski; (Puzzle): Shutterstock.com/pambudi; S. 20 (Bleistift): Shutterstock.com/wut62; (Rucksack): Shutterstock.com/Vinicius Campos Lacerda; (Schere): Shutterstock.com/Edler von Rabenstein; (Lineal): Shutterstock.com/grafikdesign1; (Buch): Shutterstock.com/Pakhnyushchy; (Radiergummi): Shutterstock.com/Mega Pixel; S. 22 (Weltkarte): Shutterstock.com/Peter Hermes Furian; (Vogel): Shutterstock.com/gulba_photography; (Wolf): Shutterstock.com/AB Photographie; (Maus): Shutterstock.com/Wirestock Creators; (Tiger): Shutterstock.com/neelsky; (Kuh): Shutterstock.com/Matt Benzero; S. 23 (Kuli): Shutterstock.com/Pakhnyushchy; (Pferd): Shutterstock.com/Anke van Wyk; (Maus): Shutterstock.com/schankz; (Brille): Shutterstock.com/Dzha33; (Handy): Shutterstock.com/Daboost; (Hund): Shutterstock.com/hightowernrw; S. 24 (Pferd): Shutterstock.com/Phovoir; (Schildkröte): Shutterstock.com/seasoning_17; (Tiger): Shutterstock.com/dangdumrong; (Timo & Leyla): Cornelsen/Doris Umschaden; S. 25 (Hund): Shutterstock.com/OlgaOvcharenko; S. 27 (Panda): Shutterstock.com/Yoreh; (Affe): Shutterstock.com/Edwin Butter; (Pinguin): Shutterstock.com/Earth Trotter Photography; (Elefant): Shutterstock.com/Independent birds; S. 29 (gelb, grün, blau, grau, schwarz): Shutterstock.com/Luxury_Studio; (rot, braun): Shutterstock.com/Pavlo S; (weiß): Shutterstock.com/KKHA; S. 30 (Deutschlandkarte): Shutterstock.com/pASob; (Wasser): Shutterstock.com/DragonTiger8; (Berge): Shutterstock.com/Monory; S. 31 (Icons): Shutterstock.com/Pavlo S; (Eisvogel): stock.adobe.com/Creative Nature/creativenature.nl; (Biber): stock.adobe.com/rhoenes; (Schweinswal): stock.adobe.com/greenpapillon; (Gämse): Shutterstock.com/WildMedia; (Eichhörnchen): Shutterstock.com/Menno Schaefer; (Wildschwein): stock.adobe.com/Animaflora PicsStock; (Haselnüsse): Shutterstock.com/Lightkite; (Holz): Shutterstock.com/MicroOne; S. 32 (Gitarre): Shutterstock.com/Oleg1824; (Handy): Shutterstock.com/guteksk7; (Taschenrechner): Shutterstock.com/Marik_1994; (100): Shutterstock.com/IMG Stock Studio; (Note): Shutterstock.com/abstract; (Vogel): Shutterstock.com/clarst5; S. 33 (Schaf): Shutterstock.com/unverdorben jr; (Ente): Shutterstock.com/David Pecheux; (Hahn): Shutterstock.com/yod 67; (Katze): Shutterstock.com/nadia_if; (Kuh): Shutterstock.com/Kraipet Sritong; (Hund): Shutterstock.com/New Africa; S. 34 (1): Shutterstock.com/CREATISTA; (2): Shutterstock.com/Nattakorn_Maneerat; (3): Shutterstock.com/Denys Bohdanov; (4): Shutterstock.com/Krakenimages.com; S. 35 (Uhren): Shutterstock.com/Iraidka; S. 36 (Schüler): Shutterstock.com/LightField Studios; S. 37 (Emojis): stock.adobe.com/2006 Adobe Systems; (Sportlerinnen): stock.adobe.com/Brocreative; S. 39 (Musik hören): Shutterstock.com/insta_photos; (Freunde treffen): Shutterstock.com/oneinchpunch; (Chillen): Shutterstock.com/Kekyalyaynen; S. 42 (1A): Shutterstock.com/Jacek Chabraszewski; (1B): Shutterstock.com/GBJSTOCK; (1C): Shutterstock.com/Pressmaster; (2A): Shutterstock.com/Master1305; (2B): Shutterstock.com/Ja Crispy; (2C): Shutterstock.com/Olexandr Panchenko; (3A): Shutterstock.com/Lichtschleier; (3B): Shutterstock.com/matimix; (3C): Shutterstock.com/Konstantin Zibert; (Schüler): Shutterstock.com/stockfour; S. 45 (Felix): Shutterstock.com/Marian Fil; (Emojis): Shutterstock.com/SpicyTruffel; S. 47 (Layla): Shutterstock.com/Sergey Novikov; (Berenike): Shutterstock.com/maxim ibragimov; (Dennis): Shutterstock.com/Soho A Studio; (Pi): Shutterstock.com/icon-studio; S. 48 (Emojis): Shutterstock.com/SpicyTruffel; S. 51 (Mara): Shutterstock.com/Studio 1One; S. 53 (7): Shutterstock.com/Drazen Zigic; S. 55 (Pizza): Shutterstock.com/New Africa; (Katze): Shutterstock.com/Germanova Antonina; (Opa): Shutterstock.com/Ljupco Smokovski; (Judo): Shutterstock.com/Fotokostic; S. 58 (Gummibärchen): Shutterstock.com/kentoh; (Schokoriegel): Shutterstock.com/Crepesoles; (Kaugummi): Shutterstock.com/Nor Gal; (Eis): Shutterstock.com/M. Unal Ozmen; (Chips): Shutterstock.com/New Africa; (Zeitung): Shutterstock.com/oksana2010; S. 59 (Briefmarke): Shutterstock.com/Remo_Designer; (Schokoriegel): Shutterstock.com/Crepesoles; (Kekse): Shutterstock.com/MisterStock; (Eis): Shutterstock.com/M. Unal Ozmen; (Zeitung): Shutterstock.com/oksana2010; S. 60 (Laura): Shutterstock.com/Zdravinjo; S. 61 (Klettern): Shutterstock.com/Jakub Cejpek; S. 61 (1): Shutterstock.com/stockphoto-graf; (2): Shutterstock.com/Africa Studio; (3): Shutterstock.com/Jalisko; S. 62 (Skateboard): Shutterstock.com/ HomeArt; (Tickets): Shutterstock.com/K3Star; (Hund): Shutterstock.com/New Africa; (Bücher): Shutterstock.com/studiovin; (Keyboard): Shutterstock.com/Zaiachin; S. 66 (Tafel): Shutterstock.com/Omeris; (Schulgruppe): Shutterstock.com/Rawpixel.com; (Kranenburg): Shutterstock.com/anweber; (Niederlande): Shutterstock.com/defotoberg; (Europa): stock.adobe.com/2006 Adobe Systems; (Fernglas): Shutterstock.com/Creative icon styles; S. 67 (Emojis): Shutterstock.com/SpicyTruffel; (Vincent): Shutterstock.com/gonzagon; S. 69 (Basketball): Shutterstock.com/vasosh; S. 70 (Geografie): Shutterstock.com/New Vectors; (Mathe): Shutterstock.com/Marik_1994; (English): Shutterstock.com/Happy Art; S. 71 (Grillen): Shutterstock.com/stockcreations; (Hundespielplatz): Shutterstock.com/unguryanu; S. 72 (Tom): Shutterstock.com/Daisy Daisy; S. 75 (1): Shutterstock.com/Wetzkaz Graphics; (2): Shutterstock.com/Pakhnyushchy; (3): Shutterstock.com/Nikolai V Titov; (4): Shutterstock.com/SasaStock; (5): Shutterstock.com/Krivosheev Vitaly; (6): Shutterstock.com/Roman Samborskyi; (7): Shutterstock.com/Chones; (8): Shutterstock.com/K3Star; (Handy): Shutterstock.com/guteksk7; S. 77 (Schere): Shutterstock.com/MichaelJayBerlin; S. 84 (Emojis): stock.adobe.com/2006 Adobe Systems, Inc. All Rights Reserved./Copyright(C)2000;